陈旭麓文集 Ⅴ

浮想偶存

陈旭麓 著

上海教育出版社

目 录

浮想录

003　1977 年 7 月
005　1978 年
012　1979 年
018　1980 年
025　1981 年
028　1982 年
035　1983 年
041　1984 年
050　1985 年
071　1986 年
093　1987 年
109　1988 年

诗 词

131　清明日与同学戴礼谢璞游岳麓山
132　黔灵山寺中戏着袈裟摄影
132　所里病中

133 乌江船上

133 次韵钟诵余兄见赠

133 离重庆

134 书斋置菊花一盆晚移檐前

134 船泊奉节

134 船自三峡下泊武汉重游黄鹤楼

135 病中感杂

135 魔影

136 赠李新同志

136 赠研究生

136 游八达岭

137 泛舟西湖

137 扬州之行四首

138 鹊踏枝·中秋之夜寄李新同志

138 悼鸿逵

139 鹧鸪天·1969年去沪郊夏收

139 渔家傲·国庆二十周年

139 偶书

140 送辛儿赴江西插队

140 闽夏纪行杂诗

142 悼念周总理

143　沪粤车上口占

143　一九八〇年春节有感

143　游西樵山

144　还湘杂咏

145　访金田水库

145　无题二首

146　重访修文中学志感

146　黄果树观瀑布

146　瓜洲口占

147　参观南海康有为故居题诗

147　访问黎里柳亚子故居

147　游乾陵（高宗与武则天墓）

147　成山头观海

148　游天子山

148　除夕咏雪

148　皖行咏史

150　六月十五日傍晚由沪飞京，兼东李、孙、彭同志

书　信

153　致成晓军二通

155	致邓代蓉四通
159	致丁凤麟六通
163	致丁守和四通
167	致顾长声一通
168	致蒋照义一通
169	致刘大年二通(附三通)
172	致刘世龙二通
174	致马洪林二通
176	致潘振平、茅海建二十二通
199	致沈渭滨四十四通
232	致史月廷二通
234	致苏双碧一通
235	致孙思白五通
241	致王耿雄十通
247	致王学庄一通
248	致汪敬虞一通
249	致萧艾二通
251	致杨慎之一通
252	致殷瑞渊二通
254	致张芝联一通
255	致赵宗颇、夏菊芳五通(附一通)

259 致郑云山三十七通
295 致钟叔河三通
298 致左步青八通

附录

311 陈旭麓先生著述系年
321 陈旭麓先生主编书目
323 陈旭麓先生传略
354 怀念父亲

索引

371 人名索引
378 书名、报刊名索引

Catalogue

Record of Thoughts

- 003 July 1977
- 005 1978
- 012 1979
- 018 1980
- 025 1981
- 028 1982
- 035 1983
- 041 1984
- 050 1985
- 071 1986
- 093 1987
- 109 1988

Poems

- 131 A Visit to Yuelu Mountain with Classmates Dai Li and Xie Pu on the Qingming Festival
- 132 Wearing a Kasaya in Jest Pictured in the Temple in Qianling Mountain

132 During the Illness
133 Taking Boat on Wujiang River
133 To Zhong Song (A Poem Written in Reply to One Sent by Zhong Song Using the Same Rhyme Sequence)
133 Leaving Chongqing
134 A Potted Chrysanthemum in the Study Removed under the Eaves
134 Parking the Ship at Fengjie
134 A Stop at Wuhan from the Three Gorges and a Revisit to Yellow Crane Tower
135 Thoughts During the Illness
135 The Shadow of the Deil
136 To Comrade Li Xin
136 To the Postgraduates
136 A Visit to the Badaling Great Wall
137 Boating on the West Lake
137 Four Poems on the Trip to Yangzhou
138 To Comrade Li Xin on the Night of Mid-Autumn Festival
138 Mourning My Deceased Wife

139	A Summer Harvest in the Outskirt of Shanghai in the Year 1969
139	Celebrating the 20th Anniversary of PRC
139	Randomly Written Words
140	To My Son Who will Be a Farmer in Jiangxi
140	Miscellaneous Poems on the Summer Trip to Fujian
142	Mourning for Premier Zhou
143	On the Train from Shanghai to Guangdong
143	Thoughts on the Spring Festival of 1980
143	A Visit to Xiqiao Mountain
144	Miscellaneous Poems on the Return to Hunan
145	A Visit to the Jintian Reservoir
145	Two Titleless Poems
146	Thoughts on a Revisit to Xiuwen Middle School
146	Waterfall Views in Huangguoshu
146	On Guazhou
147	Poems on a Visit to Kang Youwei's Former Residence
147	A Visit to Liu Yazi's Former Residence
147	A Visit to the Tombs of Emperor Gaozong and Wu Zetian

147 Sea Views from the Top of Chengshan Mountain

148 A Visit to Tianzi Mountain

148 Ode to Snow on Lunar New Year's Eve

148 Thoughts on History in the Trip to Anhui

150 From Shanghai to Beijing in the Evening of June 15, Meet with Three Comrades Li, Sun and Peng

Letters

153 To Cheng Xiaojun (2)

155 To Deng Dairong (4)

159 To Ding Fenglin (6)

163 To Ding Shouhe (4)

167 To Gu Changsheng (1)

168 To Jiang Zhaoyi (1)

169 To Liu Danian (2)

172 To Liu Shilong (2)

174 To Ma Honglin (2)

176 To Pan Zhenping, Mao Haijian (22)

199 To Shen Weibin (44)

232 To Shi Yueting (2)

234 To Su Shuangbi (1)

235 To Sun Sibai (5)

241 To Wang Gengxiong (10)

247 To Wang Xuezhuang (1)

248 To Wang Jingyu (1)

249 To Xiao Ai (2)

251 To Yang Shenzhi (1)

252 To Yin Ruiyuan (2)

254 To Zhang Zhilian (1)

255 To Zhao Zongpo, Xia Jufang (5)

259 To Zheng Yunshan (37)

295 To Zhong Shuhe (3)

298 To Zuo Buqing (8)

Appendices

311 A Chronicle of Chen Xulu's Works

321 A Catalogue of Books Edited by Chen Xulu

323 A Brief Biography of Chen Xulu

354 In Memory of My Father

Indexes

371 Names

378 Books, Newspapers and Periodicals

浮想录

1977年7月

1

神话,是神的人化;英雄,是人的神化,所以英雄的历史往往与神话共存。

2

科学和宗教是不相容的,科学领域的不断扩大,宗教的圈子就越来越狭小。但是在真理受委屈的时候,宗教意识仍会飞入广阔的生活领域,变为狂热。

3

作者把思想变为语言,读者把语言变为思想,似是而非的语言容易揭穿,要破除人们习非成是的思想却要困难得多。

4

消除隐患,始终要放在政治斗争的视野之内,但是隐患之来,常常在你的视野之外,及至变为明患,才知道它是隐患。

5

史识是治史的眼睛,这眼睛告诉我们,不要为表面现象所迷惑,不要被评论家所捉弄。

6

"今日适越而昔来"(《庄子·天下》),抹杀昨天和今天的差别。

7

历史之所以为科学,一是有马克思主义的指导,二是以事实为基础,歪曲事实,就没有历史科学之可言。历史唯物主义并不能代替具体的历史。

8

历史上已宣告走不通的路,但总是有些人仍要去走。

1978 年

9

事物是常新的,千变万化的,如果我们不是用马克思主义的立场、观点、方法去认识它,分析它,而是死抱着我们的导师们一百年、几十年、十几年前每一句话,每一个具体论点去观察和分析变化无常的事物,要变化的事物服从那一两句话,那必然会闹到滑稽可笑的地步。

10

历史是过去了的现实,现实是正在进行的历史,现实总有历史的影响,谁要割断历史,就会受到现实的惩罚。

11

浪漫主义与现实主义的创作原则是不好混淆的,太现实主义了,就塑造不出典型来。如果把文艺上的浪漫主义变为政治、经济生活上的措施,那就会把事情弄得很滑稽,带来灾难。

12

在批判会上有两种激昂慷慨的声音,一种是本来对这个人或事有意见,一种却是对这个人和事有密切关系的,后一种声音往往比前一种声音还要大,还要激昂。

13

当旧世界将要崩溃、新世界还未诞生或还处在萌芽状态的时代,是最富于幻想的时代,洪秀全的《天朝田亩制度》、康有为的《大同书》正是产生于这样的时代的中国。

14

近代中国的革新运动,许多都是外因通过内因起作用,由于内因的不太成熟,往往是生吞活剥或者半途而废。毛泽东的"马克思主义与中国具体革命实践相结合"的著名原则,固然是马克思主义的创见,但他是总结了中国共产党领导中国革命的初期经验和鸦片战争以来新旧斗争的经验得出的结论。

15

"尊孔"曾经长期是人们的敲门砖,后来"反孔"也成了某些人的敲门砖,门虽不同,要求进身则一样。"四人帮"更把自己装作"反孔"的天使,拿着"尊孔"的砖头抛向他们视为仇敌的人的身上,还不是为了要把自己送上云端!

16

历史学看来是探索过去,实际上应该是为了现在与未来,那些食古不化的人,永远只知道历史就是历史。

17

中华民族有过自大,也有过自卑。自大看不见世界,以为自己就是世界;自卑则不敢看世界,以为外国都是高插云霄的珠穆朗玛峰。今天,也只有在今天才可以去研究和认识世界了。

18

生产力的决定因素应该从两个方面来看,一个方面是生产关系束缚了生产力,必然爆发革命,解除束缚;另一个方面,革命胜利了,解除了对生产的束缚,必然要发展生产力,如果生产力没有大的发展,革命后的政权就不能巩固。

19

开辟一个历史时代的伟大历史人物,即使功罪互见,毁誉不一,总是抹杀不了的。等而下之,如在一个领域或某一点上能独辟蹊径,也比那些抱残守缺的人高明许多。

20

近代中国思想界,一边向西方学习,一边又向佛学吸收养料,借佛学来充塞自己的精神,如康有为、谭嗣同、章太炎等人都不例外。但有的人是在碰了钉子后从佛学中去找慰藉,如龚自珍、严复等人。还有梁启超、胡适一类人则是把佛学当作学理去研究的。

21

人体解剖是猿体解剖的钥匙。从猿到人的突变,距今已有几十万年以至百万年了,人的身上还有猴气,再过几十万年,只要仍然是人,猴气也许还是要留存于人体的。刚刚从资本主义社会蜕变过来的社会主义社会,就想要消灭资本主义的痕迹,或者硬要把社会主义说成纯之又纯,不允许它有资本主义的残余,那是否定人身上还有猴气的玄学。

22

未来,永远是一个任人驰骋思想的天地。但不管是宗教家的想象、思想家的想象、艺术家的想象,还是科学家的想象,他们想象中的未来世界不管有多么玄妙,都不可能超越他们那个时代所能想象的范围。

23

当代的母亲忽然分娩出几十万年前遍身长毛的猿人孩子来,名为"返祖遗传"。在人类社会中,久已逝去的历史镜头忽然再现,比自然界的"返祖遗传"要多得多。

24

实践是检验真理的标准,对此,竟有人会说它是毒草,也有人相信这种说法,因为他们习惯了以思想为标准,以语录为标准,不知思想和语录是经过实践检验来的,或者正在经受实践的检验。

25

"闻道潮头一丈高,天寒尚有沙痕在。"这是苏轼《游金山寺》诗中的两句,意思是说闻金山下长江的潮头有一丈高,现在天寒水枯,沙岸还留下了一道道痕迹。社会现象也不例外,在革命浪潮冲击之后,人们的思想上也留下了一道道无形的痕迹。

26

政治家看到的是地平线上的东西,哲学家看到了地平线以外的东西,历史学家记下了地平线上的东西,但要把视野从地平线引向地平线以外。

27

16世纪欧洲的探险家出发时都有特定的目标,但得到的往往却是不同的发现。

28

神圣与魔鬼,巨人与侏儒,虎豹与虫豸,都只有在大变动中才能显现出来。

29

批判资产阶级史学的客观主义,如果连客观事实也不尊重了,就会导致随心所欲地解释历史资料和歪曲历史事实。

30

失败的本身包含着胜利,胜利的凯歌中也包含着失败。你看,戊戌维新失败了,维新的观念并不能消灭,辛亥革命失败了,民主观念却从此深入人心。

31

把说真话的人作反面教员整,必然会出现成千上万说假话的人,以说假话获得高升。

32

只有神化了的人是没有错误的,从没有听说包公有错误,但一回到人的立场上来就会发现错误。

33

渐进、量变,人们不容易觉察出来,日夜相见的儿童,看不出成长的迹象,积年累月就可看出来了。即使戏台上的"白毛女",她的白发也不是一夜变了的,也是由黑而灰、而深灰,然后变白的。质变、飞跃是从量变、渐进而来的,没有量变、渐进的基础,是飞不上去跃不起来的。人为的没有条件的飞跃仍是要回到地上来的。

34

宗教在激起热情,科学却是冷静分析。政治运动需要激情,所以常常和宗教接近。

35

对于农民战争又在纷纷议论。我以为农民起义领袖的平等思想和皇权思想是一个铜板的两面。作为被剥削被压迫的阶级来说,他们要求以平等反对不平等;作为家长制小农经济的基础来说,他们是不可能摆脱皇权思想的。在历代众多的农民起义中,有的开始就以"真命天子"自命,有的有了点气候就向皇位进军,李自成的大顺政权在向明朝皇帝进攻时,也就在为自己当皇帝创造条件。平等思想和皇权思想两者以何为重?起义之初平等思想是主导的,有了点势力,皇权思想就膨胀起来了。

36

从先进思想家、政治家的思想和活动中,可以嗅到新经济、新政治喷薄欲出的气息;但新经济、新政治的开花结果,必须反映在人民的生活、习尚的变化之中。

37

本质深藏于现象之中,人们看到的首先是现象,认识本质则要对现象进行深入的探索。历史学家首先是捉住现象,描写现象,从而透露出本质来,或者让读者去探索本质。如果历史学家不去捉住现象,空谈本质,就失去了历史学自身的基本任务。

1979 年

38

为什么会跟着人的谬误跑,因为他曾经是正确的。

39

机械唯物论,在存在和意识的问题上是唯物论,在方法论上却是形而上学。

40

美国总统卡特举行国宴欢迎邓副总理时说:"有四千年文字记载历史的中国文明是世界上最古老的文化之一,但是,作为一个现代国家,中国还是很年轻的。"(《人民日报》1979 年 1 月 31 日第 1 版)"最古老的文化"和"很年轻"的"现代国家"有什么内在联系?

41

"对一个真诚的革命战士来说,还有什么比'不准革命',进而被诬为'反革命'是更大的痛苦、更大的恨事呢?"这几句话反映了成千上万的人在"文化大革命"中的想法。

42

周树槐(1786—1858)在鸦片战争时或略后写的《钟馗画像赞》(见《壮学斋文集》)中说:"今有鬼,远出昧谷之西,乘风弄潮,跳踉白日。"并语义双关地说:"人之畏鬼,乘人危疑。"这是"洋鬼子"的最早说法,鬼的人化,鬼是人的奸恶者。

43

当自己还年轻的时候,老的一代好像蛮不讲理;到自己成为老的一代的时候,将发觉新的年轻人也会这样看自己。

44

"草完明治维新史,吟到中华以外天。"这两句诗是黄遵宪对其《日本国志》《日本杂事诗》的自诩。

45

"一夕狂驰三百里,敌军便渡鸭绿水。"这两句诗形容叶志超从平壤撤退奔回鸭绿江,多么形象!

46

革命以暴力行之,当之者靡;改革靠政令推行,政令之行否在官,而官常常是改革的阻力,所以改革比革命难。

47

"不管别人怎样折磨我,我自己不折磨自己。"某同志做了20年"右派",纠正后说了这一警句。

48

由于防御倭寇的骚扰,上海的城墙,从1553年9月开始兴建,经过两个多月的奋战,到 11 月就完成了,但拆除时,从 1906 年开始的建议和反建议斗争不算,单就 1912 年 7 月开始拆除到 1914 年 10 月拆完的过程来说,竟费时两年又三个月。可见历史的惰性和习惯势力的影响。许多事物的除旧比布新更麻烦。

49

鸡毛飞上了天,是风吹上去的,不是自己的翅膀飞上去的。

50

佛教传到中国来,出了许多著名的高僧;基督教传到中国来,只有许多披着宗教外衣的侵略分子,难道没有一个友好的宗教人士吗?

51

萧一山《清代通史》中的《清代学者著述表》从沈国模(1575—1656)到刘师培(1884—1919),共收 970 人,不仅黄景仁这样的诗人收进去了,而且曾国荃、翁同龢这样的官僚因有诗文集也列名其中。

52

万里长江的滚滚浪涛,却是发源于青藏高原冰川的涓涓细流。

53

历史有时是大河奔流,有时是峰回路转。人们在"奔流"中既要高歌猛进,又要站稳脚跟,不被浪涛卷走;在"路转"时既要认清去向,又要审势而行,不能停住自己的脚步。

54

伟人不相信神,但喜欢别人把自己说成神;人们并不喜欢特殊的人,但愿意接受神化了的人的统治。

55

戏剧家写历史剧,既要有历史的真实感,又要有虚构的艺术性,把好人说得更好,坏人说得坏些,才能给人以鲜明的爱憎。历史学家觉得不符合历史的真实,因为历史家只看到历史的一面。但观众确实容易把历史和艺术的加工混在一起,就虚实难辨了。

56

"权"这个家伙顶厉害,一不当心就搞出特殊化来。

57

针对一项具体事物的论点和语言,可能是很准确的,把它扩大到许多事物上去,就会荒谬得可笑了。

58

科学文化不都是外国的。

59

依靠朴素的阶级感情,可以打倒国民党反动派,但攻不下科学的堡垒,实现不了现代化。

60

除了自然物是"上帝"造的以外,其他一切都是体力劳动和脑力劳动的产品,包括物质的和精神的。

61

过去的许多东西,包括一代一代的人在内都化成了灰烬,只有文物才是永恒的,化石也是文物。

62

朴素的阶级感情通向宗教,而不是通向科学。

63

近代中国人物的新陈代谢快,事物的新陈代谢却很慢,譬如铁路就争论了20年;小脚从上世纪80年代就喊要禁止,可是20世纪20年代的乡下还在给童女缠足。

64

1896年冬天,孙中山在伦敦蒙难被救出后,李提摩太对他说:"在我们意见看来,中国需要的是改良,而不是革命。"1900年孙中山在横滨,李提摩太路经横滨又向他说不要革命,还是走改良的道路好。均为孙所拒。李提摩太无可奈何地说:"如此看来,我们只好分道扬镳了。"

65

在政治上要变反对力量为拥护力量,在学术上要排除一切动摇和反对力量的干涉,才能有所成就。

1980年

66

要看条件办事。条件是可以改变的,要在办事的过程中改变,不能用一下子取消的办法来改变。

67

去旧难,如八股考试、缠足;又如武科1875年沈葆桢就奏请废除,不听,至1901年才停止。立新也不易,铁路争了20年。

68

写具体人物、具体事件,要放在全局的链条上来考察;写全局性的问题,又要建立在一个个人、一件件事的基础上。

69

甲说:这是一尊大菩萨。乙说:我不相信菩萨。
甲说:你要肚子痛的。

70

打人整人是一宗政治资本,被打被整也是一宗政治资本。前者是十七年和十年的历史,后者是近三年以来的现象。

71

把一般经济规律当作资本主义反对,把自己制造的极"左"口号当作科学社会主义供奉,两者合而为一就是灾难。

72

从花洲扶主开始,洪秀全的形象,宗教领袖比农民起义领袖的气味更多。

73

从洋务运动到戊戌维新,是革新道路上的量变,辛亥革命是个飞跃,但飞得不高,跃得不远,没有完成飞跃的任务。

74

魏源从编《皇朝经世文编》到《海国图志》就是由地主阶级改革派向洋务派过渡。

75

一些新的东西往往带着旧的痕迹,有些旧的冒称为新的,也有新的是新得出奇的,在现实社会中还是虚幻的。

76

一个崇高圣洁的名字,忽然成了罪恶的来源,历史是多么冷酷。

77

一种信仰,一种思想一旦成了最大的权威,那些奸佞会打扮为圣徒,把"权威"盗了去变为自己的玩具,林彪、"四人帮"的"最最革命"即其一例。

78

一切事物之间有同有异,在强调同的时候要看到它的异,反过来,强调异的时候要看到它的同,才可避免片面性。

79

当人们放开喉咙诵祷林彪"永远健康"时,刘少奇同志故居所在地的生产队社员肖晓村念作"永远吃糠"(新华社长沙1980年3月4日电),这是一句幽默而真实的语言,应该称群众为语言大师。

80

新陈代谢是个自然规律,革命与改良是推动代谢的力,也是规律的体现,但有人为的因素,如果过头和不及,会对代谢起破坏或阻滞的作用。

81

明治时代,日本高唱"洋魂和才",意即西洋精神加日本才华。洋务运动中洋务派提出了"中体西用",意即中国(封建)精神加西方技术。这两个口号形似而实不同,也是中日学习西方的很大差距,为什么会有这个差距,要从各自的社会历史中去找。

82

现实是由历史前进的齿轮铸造的,人们却要倒过来用现实去铸造历史。

83

1946年6月,斯特朗第五次来到中国,去延安等解放区旅行了九个月,把她的这段亲历写入了《中国人征服中国》。在清朝、北洋军阀和国民党的统治下,英国、俄国、日本、美国通通没有征服过中国,斯特朗看出来了,只有中国人自己才能征服中国。

84

虚伪换来的只能是虚伪,如果虚伪获致了忠诚,那是忠诚的眼泪。

85

历史是个无私的渊博的顾问,怎样对待它,它都会作出答案。歌颂历史上的伟大人物,礼赞历史上的惊人事业,是为了鼓舞历史前进;冷静地如实地分析历史上的重大问题,使来者有所"资治"和"借鉴",是为了更好地推动历史前进。

86

矫枉不应过正,过了正,就仍然是枉。

87

原理、主义都是一定时代的产物,没有新的血液的灌注,最丰满的原理、主义也将慢慢消瘦和干瘪的。

88

史学家总结过去,政论家着眼现在,哲学家展望未来,但三者中的每一个又都要有其他两者的心思。

89

理论是指导,路要自己走。

90

时代的波浪是历史的表层,只有潜到水的深处,才能侦察到海底的活动和波浪的来源。

91

民族壁垒可以阻挡侵略,也会封锁自己。学术、科学、文化的交流和研究,可以超越这个壁垒。

92

正义掩盖下的欺骗和攻击,是把颠倒过来的是非再颠倒过去。

93

新的经济体制和政治体制建立起来了,无孔不入的封建习性会对它潜移默化,是新陈代谢的倒行。

94

"无意苦争春,一任群芳妒。"陆游《咏梅词》中的这两句,好在一个"争"字,一个"妒"字,世间的许多杀机就是从"争"和"妒"产生的。

95

哈巴狗向大象吠叫,不是表明勇敢,而是表明惊奇。

96

以行政命令的集体制代替小生产者的单干制,不取得生产发展的胜利,那改变的是躯壳不是灵魂。

97

为了歪曲现实才去歪曲历史,不是为了歪曲历史而去歪曲现实。

98

现实总是受历史支配的,而历史又都是受现实支配的人写的。

99

义和团运动代表民族感情,并不代表时代的脚步。

100

没有批判,没有争鸣,学术就不能前进。但是,有时批判者比被批判者更荒谬,争鸣也常会是渣滓的泛起。

101

化装师为银幕化装出各类人物的阶级形象、时代形象和个性形象,对演员是化装,对模拟对象是典型人物的再现。人物传记的作者则是把人物的阶级形象、时代形象和个性形象集中描绘出来,提供剧作者和化装者去化装。

102

要叫人去当官,不要叫官去当官。

103

"与其死于蜮,曷若死于虎。"这是《孽海花》第 34 回借戴胜佛(谭嗣同)之口唱出的一首歌词中的两句。因为"死于虎",人们看到了虎的残暴;而"死于蜮",死的人也不知道是怎样死的。

104

作家以他的作品而存在,科学家以他的科学成果而存在,史学家以他的史著而存在。靠吹和捧起来的"家"是不会有生命力的。

105

教师要有一本不是写在纸上而是刻在心上的教材。

106

在资本帝国主义入侵的刺激下,中华民族一面抵制,一面学习,在抵制和学习中都有盲目性。

1981 年

107

炸弹带来的是死亡,也送来了新生。废墟上的重建从来不只是恢复,而是有发展。

108

在头绪纷繁中找出头绪,在争议不休中找到答案,才可以衡量出水平来。

109

人们都说洪秀全的拜上帝会是要把宗教天国变为人间天国,其实洪秀全的思想和实践,一半在人间,一半在天上,是"天上人间"。

110

"霖雨苍生愿岂虚,洪杨当日起宏图。炭工千百崎岖路,泉石而今汇广渠。"这是我1981年3月17日访金田水库的诗。金田水库在紫荆山口。

111

中国因长期落后而挨打受苦,许多个人却因要求革新而被糟蹋攻击,郭嵩焘就是一个。众醉独醒是国家的悲剧,也是个人的悲剧。

112

太平天国以洋宗教的上帝反抗清朝的封建统治,义和团以土宗教的玉皇大帝等反抗帝国主义的侵略,各执一端。

113

报上发表批判文章,人们说风雨又来了。我说阳光灿烂的季节,也要有点风雨,就是不要下冰雹。

114

牛绳不是牵在牛鼻子上,把它牵在牛角上,牛是不会听你使唤的。

115

我们总想把政治思想看作是同社会经济亦步亦趋的,我们写戊戌、辛亥、五四不都是这样写的?但是我们的政治思想像朵飞在天空的白云,想遮盖大地,其实它还是离地面很远的孤云。

116

近代历史似大河奔流,也有峰回路转。一方面是人才辈出,一方面是人才沉落。处在这个转折年代的人物,他们迈开步伐前进,还是落在形势的后面,是评价他们的关键。

117

大地如果没有了绿叶,剩下的只是一片黄土和红土,人类的命运也就可想而知了。

118

辛亥革命那阵子到底出了多少个都督,谁也没有去统计,这些都督就是鲁迅所说的草头王。

119

新旧冲突都是两代人的冲突。

120

中国从洪仁玕于1859年开始倡议"立银行",经过38年,到1897年才有第一家银行——中国通商银行。

121

批判过的东西不是全不可以再搬出来,因为有些批判是歪曲,或者部分歪曲,并不代表真理。

1982 年

122

一次座谈会上,一位同志发言说:"理论工作者要讲理!"那是说有的理论工作者不讲理。其实不是不讲理,而是在编造理,或者他的理是以"势"为转移。

123

新陈代谢,并不是一下子全部更新,而是局部地更新,那些还有生命力的"陈"仍然要继续发挥它的功能,再为下一步的"新"代替。

124

美国的唐斯博士曾称有16本书是"改造世界的书",即哈维的《血液循环论》、牛顿的《数学原理》、潘恩的《常识》、马尔萨斯的《人口论》、斯陀夫人的《黑奴吁天录》、达尔文的《物种起源》、马克思的《资本论》、爱因斯坦的《相对论》、希特勒的《我的奋斗》等。在近代中国,又有哪些改造中国的论著?

125

学外国语的地方叫作同文馆。在他们看来,《海国图志》只是地方志的扩大。

126

教皇判处科学家以死刑,因为科学家判处了上帝的死刑。

127

从宏观着眼,从微观入手,是研究历史和一切事物的方法。

128

"欧风美雨"最初渡过太平洋,在澳门、香港和五口登陆,然后吹向中国社会。

129

思想的先进性和思想的影响并不是相等的,例如"五四"时期的李大钊和陈独秀、胡适在当时的影响就不相等。

130

林则徐的《四洲志》、梁廷枏的《海国四说》、魏源的《海国图志》、徐继畬的《瀛环志略》等书,是开眼看世界的表现,也是世界概念的改变,并促进中国人对世界概念的改变。

131

蒸汽机是产业革命最伟大的领袖。梁廷枏在1844年至1846年撰刻的《海国四说》中介绍其作用说:"以火蒸水作舟车,轮转机动,行驶如风。他如纺车织具,并以水火力代之,机动而布自成。"

132

龚、林、魏等人在鸦片战争前后有哪些积极促进"新陈代谢"的言论？譬如魏源的"变古愈尽,便民愈甚"的思想,即其一例。

133

洪秀全向西方学习了什么呢？从传教士那里搬来个洋上帝打土偶像,也算是新陈代谢的一个方面。但洋上帝没有打倒土偶像,它反被土偶像打倒了。

134

有些批判文章有生命力,如章太炎的《驳康有为论革命书》；有的则是被批判的文章有生命力,如严复的《辟韩》。

135

基督教的"天国"只存在于人的心灵,或死后归宿。《圣经》上说的"天国近矣",说了千百年,"近"在什么地方？"近"在什么时候？除了上帝,谁也不知道。洪秀全设想的"天国",却不是那么遥远、玄虚,也不只是"救世""醒世""觉世"满纸好听的话。太平军一开头就建立起"圣库制度",个人的所有所获都上缴"圣库",个人所需也都仰给于"圣库",这就不是传教士口诵的天堂门券,已是人们直接感受到的圣水。

136

新事物开始时并没有独自的性格,常常是寄托于旧的躯体里,有的艰难地生长,有的变成畸形。

137

蜡烛把光亮给了人,自己成了灰。革命烈士给人的光亮是鲜血,思想家、科学家给人的光亮是脑汁,鲜血干了,脑汁枯了,光亮永存。

138

徐继畬官至巡抚、署总督,清一代的总督、巡抚不下两千人,我们数得出名字来的并不多,为什么要讲徐继畬?因为他写了《瀛环志略》。

139

政治家着眼于今天,哲学家看到的还有明天。毛主席是个伟大政治家,也是哲学家,在他的晚年把哲学家的明天搬到了政治家的今天,所以我们又要退回来。

140

一切事物不是发生在它发生的时候,都是"今日适越而昔来"。

141

拜上帝会(洪秀全)认为一切都是皇上帝所有,土地也是皇上帝的,这一点就剥夺了地主阶级的土地所有权。

142

拜上帝会对天地会这种秘密社会来说有推陈出新的地方,反清而不复明即其一端。

143

群众的哲学,可能到哲学家那里找出若干反映,但他们自己的哲学则要到秘密社会里去找。

144

"五四"时代的青年依靠自己冲出了一条路。"五四"后的青年冲击了一些污泥浊水,但仍只能沿着老一辈指给他们的路走,因为路已经有了。

145

太平天国仍然是旧式的农民战争,但已萌发了一些新苗,新苗又为封建的浊流淹没。

146

上一个世纪外国人说中国文化是"小脚",现在他们说中国文化是"随地吐痰"。

147

如果一个有代表性的会议,只有代表的积极性,而没有被代表人的积极性,那它的代表性也就不多了。

148

同治二年八月,郭嵩焘将赴广东巡抚任,郭会晤曾国荃,询治道,曾说:"除弊须慎之又慎。多其察,少其发。发之不当,则威损矣。"此乃做官哲学。

149

封建残余在我们这个社会主义祖国仍然到处都可嗅得到,许久找不到一个适当的词来表现。以封建意识反映在男女婚姻问题上为题材的影片《潜网》,是一个表现得很恰当的词。在政治生活中也有这样的"潜网"。我们要消除这个"潜网",还得花很大的气力。

150

圣洁的动机,得到的有时会是罪恶;罪恶的目的,有时也会出现崇高的效果。

151

对"实事求是"的热烈追求,因为尝到了不"实事求是"的苦果。

152

新事物的出现常常是依附于旧事物,甚至受到卵翼,但到旧事物阻碍其发展时,它们的斗争就开始了。

153

人物隔代,思想长流。

154

外国资本主义对华的商品输入,以洋货取代手工业;洋务派的民用工业，以自己的产品代替手工业。

155

历史是客观世界的运动，也是主观世界的记录，记录与运动之间从来不是珠联璧合的，只有比较近似和很近似。

156

左宗棠镇压西北回民是罪恶，收复新疆是功绩，而他的罪恶却是通向功绩之路，因为他不平定陕甘，他的大军是很难飞渡玉门关的。幸福之门有时是通过罪恶打开的。

157

变——近代中国社会哲学。

158

要让历史自己说话，但历史学家还要说出历史没有说出来的话。

1983 年

159

洋务派和早期改良派看到了三千年一大变局,要应变,否定了历代的静止不变观点;以康有为为代表的维新派主张"全变",否定了早期改良派和洋务派的"器可变道不可变"的观点;以孙中山为代表的资产阶级革命派主张革命突变,又否定了康有为等人的"渐变"观点——构成了近代社会的"变"的哲学。

160

史论是现实的人对历史的感发。它有无深刻的借鉴意义,是其有无价值之所在;没有借鉴意义的史论是缺乏生命力的。但借鉴的现实性,应该得自历史的必然逻辑,绝不应该是狗尾续貂,强加臆言。强加的臆言,很可能是对历史的亵渎,而对现实则是歪曲。

161

布新难,除旧更难。

162

洋务运动中产生了改良思潮,维新运动中产生了资产阶级革命思潮,资产阶级革命运动中开始有社会主义思想的译述,一个新的东西登上历史舞台,另一个更新的东西即已萌发。

163

"天国好像一粒芥菜种,有人拿去种在田里。这原是百种里最小的,等到长起来,却比各样的菜都大,且成了树,天上的飞鸟来宿在他的枝上。"(《新约全书·马太福音》第 13 章第 31 节)耶稣向门徒说的这个比喻,表明"天国"是在人的心中。

164

为了站稳立场批判客观主义,把客观也批了,剩下的就是主观主义。主观主义比客观主义的危害更大。

165

论年岁,总是旧的比新的老;在实际生活中,却是有了新的才有旧的。

166

阴谋家要挑起事变,必须拨动权势者的神经。激起西太后发动政变的,一是说保国会"保中国,不保大清";二是说让旗人自谋生计的诏谕,皇帝是不要满人了;三则是说将围颐和园杀太后。

167

西学即新学,新学即新政。

168

失败的政治运动,深刻的社会影响——失败中的胜利。

169

梁启超等人的"诗界革命"和新文体,是对旧格式的突破。严复译述《天演论》,是用优美的唐宋古文格式传播新思想,同样是中西文化的结合。

170

把历史事件像摄影那样呈现出来,是一般历史学家的任务;说明是这样而不是那样则是历史哲学家的任务。

171

幻想的东西可以成为精神上的鼓舞,把它当作实践就会碰得粉碎。

172

在维新运动中宣传"冬裘夏葛"法则的康有为,戊戌政变后逃到海外一味保皇,已昧于"冬裘夏葛"的道理,披着光绪帝赐给他的"冬裘"脱不下来。

173

事物是不断地演变、不断地更新的,但阳光下并没有绝对全新的东西。

174

在改造中的战犯会说许多真话(如沈醉《我这三十年》),革命的回忆录却不无饰词,都是想取得读者的信任。

175

近代以前的爱国与忠君分不开,近代的爱国则与叛君的民权思想相联系;近代以前的卫国在于"制夷",近代的卫国还要"师夷"(革新)。

176

历史就是真理,写的历史未必全是真理。

177

技术是推动社会前进的巨大引擎,创造引擎的是掌握生产斗争、阶级斗争的人。

178

历史要有数字说明,但数字并不是历史,因为数字说明的只是事物的多少,不是事物的性质。

179

"芳林新叶催陈叶,流水前波让后波"(刘禹锡诗),说的是自然规律。社会的新陈代谢受自然规律的制约,但不同于自然规律,表现为先进与落后。

180

"物形之变,要皆与外境为对待,使外境未尝变,则宇内诸形,至今如其朔焉可也。惟外境既迁,形处其中,受其逼拶,乃不能不去故以即新。故变之疾徐,常视逼拶者之缓急,不可谓古之变率极渐,后之变率遂常如此而不能速也。即如以欧洲政教学术农工商战数者而论,合前数千年之变,殆不如轶近之数百年,至最后数十年,其变弥厉。"(《天演论》"导言十六进微")按这里所说的"外境"即指所处的境地或环境,就鸦片战争后的中国来说,即"西学东渐"由外来变为内在的环境。

181

近代中国倡妇女解放者,多属男人;妇女出而自谋解放者,首推秋瑾。只有妇女以自己的实践来解放自己,妇女解放才有实际意义。

182

传统思想,在其开始大都是合理的,一旦成为传统,它的惰性就越来越多。革命与改革在于对惰性的鞭打,鞭打得过了头,抛弃了其中的合理内容,传统又会振振有词、理直气壮起来。

183

宗教是对人们的麻醉(鸦片),宪法却仍要允许信教自由,因为还存在从麻醉中找安慰的社会现实。

184

不懂得封建专制制度——皇帝的权威,就不会懂得辛亥革命打倒皇帝的伟大历史意义。试看秦始皇陵的兵马俑及历代的皇陵,就会感到把皇帝拉下马是历史的极大快事。有人说要是清末立宪成功,或者可以避免民国时期的祸乱。这不是说清朝没有实行君主立宪的魄力和条件,即使成功,则依附皇帝的封建势力将会获得更大的保留。

185

清末革命派与立宪派的差异：前者的反封建性强,后者是在反封建中保留封建。

186

孙中山说次殖民地比殖民地还不如。卢沟桥事变爆发,日本人说他们要给中国改变这样的"不如"(即变中国为日本的殖民地)。这是极大的歪曲。

1984 年

187

史识是治史的眼睛。

188

时代概念,在历史长河中的近代才特别显示出来。

189

最坏的时代产生最好的东西,最好的时代也有最坏的东西。

190

近代中国破一分封建即前进一步,"五四"提出的民主与科学口号,旨在破封建。

191

以虚带实,由实入虚,但虚都是实的反映。

192

陆游说:"尝试成功自古无。"胡适在编《尝试集》时说:"自古成功在尝试。"两人的着眼点不同,用意都是对的。

193

应该建立中国的"近代学",中国不能只有古代学。什么是中国的"近代学"？就是古今、中西的汇合。20 世纪初年,有人说梁启超的《新民丛报》,是"中外双钩于笔底,古今一冶于胸中"(3 月 5 日在本校政教系主办的"中国近代哲学史进修班"开学典礼上想起的)。古今中西的汇合集结为进化史观,然后是阶级论,中国人自己的进化论和阶级论。

194

康有为说:"因显微镜之万数千倍者,视虱如轮,见蚁如象,而悟大小齐同之理。"小说家可以夸张虱如轮、蚁如象,但不能改变虱之所以为虱,蚁之所以为蚁。

195

康有为发动的戊戌维新运动,当时被视为洪水猛兽,事后回顾却只是对千百年的陈年老账踩了一脚。

196

农民始终是革命暴力的主力军,而在社会革新的道路上却是民族觉醒的保守势力。

197

中国破古代的观念形态、立近代的观念形态从哪里开始？是从鸦片战争开始的,是从认识坚船利炮开始的。

198

人民是永存的,人民需要的东西是消灭不了的。

199

历史上的斗争,有的目的是崇高的,而手段是卑鄙的;有的目的不是光彩的,而手段是可取的。

200

中国的古代学是丰满的,应该还有她的近代学,那就是古今中西的汇合。

201

洪秀全搬来的"洋上帝",就是"欧风美雨"开始飘来的风和雨。

202

洪秀全搬来号称独一无二的真神洋上帝以扫荡一切土菩萨,义和团则动员仙佛神怪等一切土菩萨以对抗(驱逐)洋上帝。

203

我们对西方来的事物,19世纪后期概称之为"洋务",20世纪初期概称之为"欧风美雨","洋务"就是"欧风美雨"。

204

历史是古老的,又永远是新陈代谢的。

205

革新的道路从来是不平坦的,怕犯错误就没有革新。

206

要从同一性中找出不同一性,要从不同一性中找出同一性。

207

保守,从来是右的表现,有时却是"左"的象征,因为时代变了,他们所保守的是传统的"革命"教条。

208

假东西有真价值。袁世凯的《戊戌日记》可以说明袁世凯的虚伪性。但你须先知道它是假东西才可探出它的真价值。

209

最大的虚假是上帝,上帝的背后却有着最大的真实。

210

原先努力追求而被打断了的东西,在另一个时候又会成为更集中的奋斗目标出现,如戊戌维新中一度被提出过的立宪,政变后消失了,至1905—1910年又掀起了一股立宪声浪。

211

35年前随处可见到的"族谱",现在一有发现,报上已作为文物报导。

212

新和旧是对立的,表明了它们的不同一性。但它们互相转化,又具备着同一性。

213

《金刚经》的"凡所有相,皆是虚妄""应无所住,而生其心"思想,是禅宗的重要依据,并把它发挥至极虚妄的境界而成为禅宗一派。

214

会党是近代社会的极不安定因素,统治阶级害怕这种不安定,革命势力则需要这种不安定,这就构成了它的历史作用。

215

会党是社会的游离分子的集结,它不代表新的生产因素,而是在旧的生产体系崩溃中找不到出路的人群。

216

没有改革愿望的人而厕身于改革之局,不可能诞生真改革。

217

最优秀的古代文化如果害怕污染而不汲取外来文化的养料,也是会枯萎的。

218

政治家的善良愿望是野心家得以售其奸的通道,如孙中山、黄兴在辛亥革命中对袁世凯的谦让。

219

在新旧文化的递嬗中,"有两种很特别的现象:一种是新的来了好久之后而旧的又回复过来,即是反复;一种是新的来了好久之后而旧的并不废去,即是羼杂"(鲁迅《中国小说的历史的变迁》)。这种"反复"和"羼杂"到了民国初年特别显著地呈现出来。

220

近来报刊上流行"松绑"一词,富有时代气息。"绑",是多方面的,生产上的绑松了,思想上的绑不松,它还会绑生产的腿。

221

民族传统与近代文化的冲突,是前者汲取后者还是后者改造前者的冲突,因人因时而异。

222

史与论的关系,事为体,论为用。

223

"开民智"是医治愚昧,尚服从是提倡愚昧,以革命的名义宣扬愚昧主义则是民族的灾难。

224

给不幸的人以幸福是无私的(看电视播放《大桥下面》所想)。

225

不顾客观要求地去保全自己,或者不择手段地去发展自己,没有不走向反面的。

226

发展意味着变革。凡变革都有阻力,所以发展总是在冲破阻力而后取得的。

227

传统保守观念总是存在的,但它不能统治每一个人的头脑。

228

进化论的传播,在中国是古典哲学的终结,近代哲学的开始。这种变化具体体现于康有为思想。

229

"事实是最有权威的发言人",历史的权威就在此。

230

变易思想引导了王安石那样的变法,变易思想加进化论才引导了康有为那样的维新变法。

231

"左"之所以能吓唬人,因为它总有不许人反诘的强权。

232

后起者的正确常常是在前行者的错误下取得的。

233

理论会把实际搞得颠三倒四,实际也会把理论整得狼狈不堪。

234

唯物辩证法是针对形而上学的,并不排斥归纳法、演绎法,更不抗拒系统论、控制论等新方法,只有这样才能丰富自己。

235

"视官吏如天帝,望衙署如宫阙,奉缙绅如神明。"(《清议报》全编第7卷第2集第9页)这种千百年形成的社会意识,至今还若隐若现。

236

霍元甲之所以能击败对手,因为他不拘守霍氏一家之拳法,尽取别家的长技。

237

明治天皇的"开拓万里波涛,宣布国威于四方",表现了一个海上岛国的雄心,与天朝上国的中国迥然不同。

238

只谈一分为二,不谈合二而一;只谈破字当头,立也在其中矣,不谈立字当头,破也在其中矣,都是半截子辩证法。半截子辩证法仍然流为形而上学。

1985 年

239

报载上海市日销人参一吨。我改唐诗两句为证:"参茸岂是侯门物,散入寻常百姓家。"

240

发展观是马克思主义哲学重要原理之一,也包括马克思主义的本身,如果马克思主义不发展,马克思主义也会枯萎。假如有人把发展马克思主义的言论硬作为"马克思主义过时论"的靶子来打,那他恰是反马克思主义的。

241

教师要像恋人一样去诱开年轻人的心扉。

242

理性是人为,反理性是天籁。人为改造天籁,天籁也会反扑,回到自然去即其一例。

243

"左"的统治下是没有真话的,"左"的势力收敛时真话就出现了。

244

偏见不等于"左",偏见涂上政治色彩就一定是"左"。

245

有的人是棍子,有的人有棍气,棍气从棍子而来,也可升华为棍子。

246

严复的"运会"说、"治化"说是由生物进化引申为社会进化的轨迹。

247

严复在《天演论》的按语中分"天然之物"与"人为之物"。照人文社会学家的分类学说,凡"人为之物"即文化。花草是天然的,经过剪接培植的花草,"天然"中寓"人为",文化已在其中,盆景正是由"天然之物"蜕化而来的文化。凡文化皆"天然之物"的加工和改造。

248

"智以藏往,神以知来"(《易经》语)是著史的旨趣,没有"智"(史学)不能"藏往",没有"神"(史识)不能"知来",两俱失之的史是断烂朝报。

249

近代初期的经世学派,通经致用是其指导思想,以史论政是其实行张本。

250

以"左"反"左"与以右反右同样不切实际,人们仍把这样的反"左"视为正当,"左"之病已入膏肓。

251

中国的封建社会长,因为它只有树的年轮的新陈代谢,质的新陈代谢只是个别事物,对整体的变化没有太大的作为。

252

不是"下笔如有神",而是"下笔如有绳","绳"者"左"也。

253

从"左"派幼稚病到"左"倾盲动主义,再就是从"大跃进"开始的极"左"愚昧性。

254

以姓氏笔画改为得票多少为序,是去年12月下旬至今年1月初旬作家代表大会的一大改进,由自然法变为民意反映。

255

"为变至微,其迁极渐。"严译《天演论》"导言一"中的这句话是说自然界的动植各物的变化"微""渐"。中国封建社会的长期性,不是说它没有变化,而是说它的变化也是极为微、渐的,各个朝代只有微异。

256

新陈代谢是事物发展的一个客观法则,揠苗助长的人为的新陈代谢却会给事物带来破坏。

257

文化人类学着重民族、部落、社区的研究。中国地方大,经济、文化发展很不平衡,区域性差异大,有各种各样的区域,如政区、族区(民族地区)、社区、自然区等,我们通常只顾到政区的研究。

258

20世纪初年中国的革命派与立宪派的争夺是民主共和制与君主立宪制两种模式的争夺。"五四"开始的中国革命派与顽固派的争夺,则是社会主义与资本主义两种社会形态的争夺,在革命内部则有怎样达到社会主义的两条路线的斗争。

259

"是东一块西一块零零碎碎的进步,是零买的不是批发的。"(《杜威五大讲演》第14页)此话放在"五四"以前的中国并没有错。

260

天地会主要以《三国演义》《水浒传》为精神粮食,从桃园三结义、一百零八条好汉等传奇式人物身上汲取力量;义和团主要以《西游记》《封神演义》为精神食粮,从孙悟空、哪吒等转化为人的神怪身上汲取力量。在迷信的程度上两者大有区别,一个崇信的是超人,一个崇信的是神妖。

261

人们的缺点有时比优点更可爱,因为它是真实的。

262

青年喜欢节奏强烈的迪斯科,而不喜欢节奏缓慢的京剧,这是一种青年中国代替老年中国的感情。

263

愚昧常带来破坏,破坏社会,也破坏愚昧者自己。

264

历史不只是谈过去的成败得失,并包括过去所有生活和知识,而是一门综合性学科。学点历史会使人在认识世界和创造新的生活中更聪明些。中学历史教学要适合青少年的特征,为其积累知识和热爱生活增添诱力。(为《历史学习》题词)

265

"火种""薪尽火传"是自然经济的写照,洋火(火柴)来了,打断了"种"与"传"。

266

改造自然的手段和结果都是文化,婴儿不是文化,试管婴儿有文化。

267

爬到半山即使摔下来,也比站在山脚下徒发"仰之弥高"的赞叹好。

268

会党反清并不是把它作为封建主义的代表来反对,只是以其下层社会潜在的阶级意识对压迫者表达憎恨。

269

爸爸、妈妈,还有爷爷,都想照自己走过的路塑造第二代、第三代,可是二三十年代已很远了,五六十年代也远了。

270

教师是园丁,不是雕塑家。

271

有的人是打出来的,有的人是被打出来的,后者是对前者的惩罚。

272

幸福中的感情是陶醉的,艰危中的感情是深沉的。

273

他有缺点,有错误,却是个有血有肉的真实的人,与其失去血肉,宁可保留缺点和错误。

274

"五卅"烈士何秉彝中弹倒入血泊时,尚三呼"中华民国万岁",所爱者轩辕以来的中国也,非北洋军阀统治之中华民国也。

275

公平是从残酷的不公平中得来的。

276

让历史说话,还是要通过史学家来说话:《史记》是司马迁在说话,《资治通鉴》是司马光在说话,《中国通史》是范文澜在说话。

277

社会经济发展的迹象,没有政治和外力的推动(刺激),只是依靠生产内部自身的演进,它的脚步是非常缓慢的。

278

任何生命都不是永恒的,只有新陈代谢才是永恒的。

279

生命的延续在于新陈代谢。

280

社会政治的改良与革命,都是在完成社会政治某一个阶段的新陈代谢。

281

人希望没有矛盾的生活,而生活就是矛盾。

282

两重性不是在走平衡木,每每是在玩高低杠。

283

以考试取士是对九品中正门阀制的否定,它有顽强的生命力。"文革"一度施行推选制,"文革"后仍回到考试,且推广了。

284

思想是飞翔的,要善于捕捉它。

285

太平天国反对偶像崇拜,是以一神论反对多神论;资产阶级革命派批评义和团的迷信,是以无神论反对有神论。

286

改变传统遇到的困难,如对小脚的放大一样。

287

"左",未必是小资产阶级的狂热性,而是有知者造作和无知者愚昧的交响曲。

288

在苏联渡过了12个春秋的蒋经国,回国后仍然皈依于曾经敌对的父皇陛下,但也修补了父皇的破衣钵。(看江南《蒋经国传》想起的)

289

历史自己没有谜,谜都是创造历史的人的设想。

290

既相同又不相同才有比较,尽相同就不用比较了。

291

小孙女得到糖果叫好爷爷,不让她吃就贬称坏爷爷。成年人、老年人的世界里并没有迈出小孙女的褒贬。

292

实践是检验真理的标准,但真理是不断完善的,既有胜利的欢欣,也有失败的痛苦。

293

激进的新思潮对传统文化的巨大冲击,它取得的胜利都不是全部的,因为传统中还有着合理的部分和客观存在的可接受性。

294

中国对外来文化历来表现为融化的大度,近代则表现为由融化而混合以至取代的趋向。取代不是人们所能接受的,只能以或急或缓的融化方式来推进。

295

一切事业都离不开人和人际关系,只从人和人际关系用力,而对事业漠然置之,是见人不见物,与见物不见人同样荒谬。

296

民族心理是历史的,社会心理是阶级的,两者交错体现于民族和社会中的个体——人。

297

租界是罪恶的渊薮,却在闭塞的封建区域中展示了显眼的西方文明(租界的管理、法制和对新派的"保护")。

298

好人,只有在最困难的时候才有可能遇到。

299

只顾写历史的逻辑,不问逻辑是否合乎历史,所以历史书多公式化。

300

袁世凯叫张一麐编造的《戊戌日记》,蒋介石叫陈布雷编造的《西安半月记》,是戊戌政变和西安事变的伪史,却是袁世凯和蒋介石的真史。因为假象也是本质的表现。

301

生活是人的存在,事业是存在的价值。

302

创新是从勤学苦练中得来,模仿是创新的起步。

303

佛家说"一念不生"是自己在否定自己,因为"不生"就是一念。

304

分享艰苦比分享欢乐更懂得时代的脚步。

305

过去年代的教育,不是在培养人去制造机器人,而是把人变为机器人。我们的教师至今还没有从机器模型中完全解脱出来。

306

康有为的"亡国之鉴"(不是以前朝为鉴,而是以波兰等外国为鉴)与"以开创之势治天下"的思想,是爱国主义和革新要求的汇合。

307

"楚怀若纳贤臣谏,千古无人吊汨罗。"(八指头陀《汨罗怀古》)此亦设想历史的另一种可能。

308

我们的社会,既需要雷锋,有时更需要张志新;做雷锋不易,做张志新更难。

309

"被压迫民族的统治阶级必然反抗压迫民族的统治阶级"(陶希圣:《中国之民族及民族问题》,载《东方杂志》第26卷第20号),与我们所说的封建统治者与帝国主义勾结以镇压中国人民的话相反。如果不说得那么绝对,被压迫民族的统治阶级对压迫民族的统治阶级在屈服和勾结中,却也有反抗的时候。

310

写人物传记,必须从时代、社会的典型性探索其个人的典型意义。历史人物的典型性与文学上的典型性有所不同,必须是实体(没有虚构)的反映。

311

早期的中国共产党人多由知识分子接受马克思主义,然后向工人、农民传播马克思主义而与工农相结合,从他们中可以找到各自的典型性。而苏兆征这样的早期共产党人,则是由一个道地的海员(工人)来往于世界海港而闻知十月革命的道路,得到马克思主义的灌输,又有着极大的典型性。

312

徐光启与利玛窦合译的《几何原本》前六卷,是在16、17世纪之交;李善兰与伟烈亚力合译的《几何原本》后九卷,是在1859年。经过两个半世纪,这部世界名著才以全貌出现于中国知识界,其中给人以何种启示?

313

中华民族的形成和发展,中国文化的演变和发展,都有个一与多的关系。以汉族为主体的中华民族是一,汉族和各兄弟民族是多。以汉族文化为主体吸收各民族文化和外来文化形成和发展起来的中国文化是一,儒、道、法、墨、名家和道、佛、回各教的并存是多。一是统一,多是多样,一中有多,多中有一,一多相容。只承认统一,不承认多样,或者只承认多样,不承认统一,都不能全面地说明连绵不断、繁衍发展的中华民族和中国文化。

314

传教士散播的西学,一是宗教福音书,一是应用科学和基础理论书。在清末的半个世纪中,前者主要通向下层社会,后者主要为中上层的知识界接受。

315

冯契同志说:"中国的真正教育革命是废科举、兴学堂。"我很同意这句话。

316

有位朋友看了《近代史思辨录》来信说,您好像有使不完的劲!我回信说:劲是有一些的,不是使不完,大概是"春蚕到死丝方尽"吧。

317

中国革命史,教师只能按照本本讲,学生要求按照历史讲,所以教师讲的学生不要听。

318

梁漱溟认为中国"如果没有外力进门,只顺着它自己历史向下演,它只能为一治一乱的循环,而不会有近代式的革命,清廷固然有一天要倒,但不过再出一个明太祖,而不会出孙中山"(《乡村建设理论》第335页)。论者以梁没有看到中国社会的变化,辛亥革命是阶级矛盾、民族矛盾的产物,但这没有难倒梁,因为梁认为这些社会变化也是"外力"诱发的。

319

顾亭林《五十初度》诗:"远路不须愁日暮,老年终自望河清。"姑不问"远路""河清"的含义,其乐观精神颇可取。

320

雍正禁教,把教堂改为关公庙;光绪维新,把祠宇变为学堂,这是历史的脚步。

321

殖民主义的文化侵略与文化传播是并行的。很久以来,我们只说侵略,怕说传播。

322

历史没有不可认识的,历史上的谜是在认识的过程中产生的。

323

胡适提倡以白话代文言,是他到美国六年(1916)才酝酿出来的。这年他写信给陈独秀说:"……今日欲为祖国造新文学,宜从输入西欧名著入手,使国中人士有所取法,有所观摩,然后乃有自己创造之新文学可言也。"他这种新文学、活文学主张,是他到了美国得到西方语言文学的借鉴而后提出来的,但与他同时在美国留学的任鸿隽、梅光迪却极力反对。没有新的环境、新的启迪很难有新的主张,但在同一个环境中不一定都能得到新的启迪而有新的主张,这是由于人们接受传统和自身的识力的不同。

324

"世治最不幸,不在贤者之下位而不能升,而在不贤者之在上位而无由降。"(《天演论》"导言十七")因为不贤驯服,可以无灾无难到公卿。

325

中西文化交流,流出的是古代文化,传入的是近代文化。

326

生理上的近亲繁殖,国人已知其害;政治上的近亲繁殖,行者并不觉其非,此为民主观念比科学知识在中国普及更难之一证。

327

康有为、章太炎乃至黄侃,他们都认为自己是五千年中国文化的传人,其实是封建道统观的延续,也是在西方文化的冲击下的自抗。

328

有种人的哲学:对刺不到他的人栽刺,对能刺到他的人就供花。

329

思想家的思想在于开风气(但开风气不为师),汇为富有冲击力的思潮,进而流为社会意识,就慢慢成了习惯势力。以进化论传入中国为例,到20世纪30年代,"物竞天择,适者生存",适应环境成为社会意识。

330

要用科学的态度对待马克思主义,不要用先验的说教来解释马克思主义。

331

康有为把进化论注入"公羊三世说",严复把中国的要求注入《天演论》,一个是使中学近代化,一个则是使西学中国化,都是为了对中国的改造。

332

生命是会衰老的,岁月和事业都是常青的,人生的价值在于追求常青。

333

两本有关外国的书对戊戌维新的影响很大:一本是严复的《天演论》,从理论上激发;一本是康有为的《日本变政考》,从实施中取法。

334

海运代替河运(指漕运),轮船淘汰沙船(道光年间集结上海的沙船3000余艘,咸丰年间减至2000余艘,70年代初仅存400余艘),是19世纪六七十年代运输业的一大兴革。

335

近代中国以前的思想主张和改革方案,都是为了维护那个封建社会的稳定性,改革者也无非是使其回到轻徭薄赋,家给户足(自给自足)的境界,以增强其稳定性。

336

"变其一,守其一",康有为这句有关改革的话未必无据,但终究是保守的。

337

到了近代,万里长城已抵御不了外敌的侵略,它只能以伟大的古建筑驰名于世。

338

灵感是诗人的主观世界和客观世界最愉快的邂逅。

339

把不配当副教授的人拉成了教授,教授的队伍壮大了,但在壮大中包含着贫困,这种贫困更可耻。

340

认真介绍西方文化和研究古代文化,必然产生出自己的合乎时代的文化。

341

20世纪初年的中国青年到日本去,30年代后期的中国青年到延安去,80年代的中国青年到美国去;前两回多是青年的自奋,后一回颇多父母之命。

342

在革命的年代里,胡适的文章多无是处;现在读来,他的治学文章多可参考,论政也不是完全无可取。

343

中国的近代学,一言以蔽之曰改造中国之学。一切革新者与封建顽固派争执的是要不要改造的问题,革命派与一切改良派争执的是局部还是全部改造的问题,马克思主义者与右的、"左"的斗争是怎样实现改造的问题。

344

康有为《大同书》中的"去家界",把一切自私的罪恶归之于家庭。晏阳初的"平教会"认为,中国人除家庭观念外,不知有别的,造成中国文化的停滞,所以要教育、改造家庭。

345

中国之所以糟到这种地步,胡适说是"贫穷、疾病、愚昧、贪污、扰乱"这"五鬼"所造成,晏阳初说"愚、弱、穷、私"四病所致。他们讲了现象,没有触到原因,不免倒因为果。

346

青年需要熟悉祖国,祖国也应该了解青年。

347

人们的认识不能不受时空的制约,却又要飞越自己的时空。

348

正确的观念常常是在发现和批评错误观念中产生的。

349

民族的反思,是在遭遇极大的困难中产生的。一百数十年来,中华民族的第一次反思是在鸦片战争后,渐知诸事不如人,只有学习西方;第二次反思开始于"五四"前后的新文化运动,何以学了西方仍然失败;第三次反思是在"文革"后,何以在大胜利中又大失误。困难和失败是新陈代谢的外因,反思是新陈代谢的内因。

350

近代中国的经济思想并没有形成像西方那样有体系的资产阶级经济学说,只有在传统的国计民生主张中汲取西方的某些资产阶级经济概念,仍然没有从政治思想和主张中脱颖而出。但我们在编著《近代中国经济思想史》时却要把它作为一个独立的学科来论述,所以表现为从政治思想体系中割裂出来的经济思想史。

351

"海派"是与"京派"相对待而言,在人们的心目中,京派是正统的,海派是非正统的。开始是以京、沪为代表,久而久之,成为全国文化、学术界的评比语,而海派的名声越来越不好,被视为野狐禅,或拆烂污,凡文化、学术上的不严肃与粗制滥造都叫海派。其实海派的原意,一是开新(不是创新),二是灵活性,反映了如何对待西方文化和传统文化的关系。在开新和灵活中不免沾染了庸俗和肤浅,遂成恶名。我们应发挥它的优势,避短扬长。

352

在这个世界上,既要昂首做人,也要会低头处世,不会低头处世就得挨鞭子。

353

从过去肯定的论证中找错,从过去否定的论证中找对,已成为思想界的风尚,这是"矫枉",也可能"过正"。

1986 年

354

对于传统文化的变革,是在批判中吸收与在继承中扬弃交叉进行的长过程。

355

慈禧太后在清末一直被目为顽固派的总代表,她执政四十余年维系了清朝的统治,她死,清朝随之而亡。其实,她并不是太顽太固,而是很有些两面手法的,她任用了洋务派,对维新变法也不是一开始即反对,后来还篡夺了维新、立宪的旗号。她的信条是一个"权"字。

356

中国近代的民主思想并不是在传统思想中的民主观发展起来的,而是从《海国图志》《瀛环志略》介绍西方的民主制开始的。后来的进步思想家追述中国历史上的某些民主言论那是起于"中国古已有之"的论证,或者在受到西方民主思想的熏陶后再到中国文化中去寻根,如刘光汉的《中国民约精义》,是在深受卢梭《民约论》的影响下,才去阐发黄宗羲的《明夷待访录》的。

357

过去的"中国革命史",大都丰于革命而啬于史,说的是"中国革命",而不太像"中国革命史"。

358

过去说中国革命的道路是曲折的,是在民主革命实践中的认识,是对破坏一个旧世界的认识,却没有意识到革命胜利后的曲折,以及建设一个新世界的曲折。把革命的前景说得太满太美,前景到来了,迎来的是疑团和不满。

359

中国文化的形成和发展是一和多的结合,只有一没有多,一无活水,会枯萎;只有多没有一,则似散沙,无凝聚力。

360

个人的生命像大海里的一滴水,如果把这一滴水洒在绿荫成长的泥土上,它就会比一滴水大得许多。

361

三千年前的甲骨文,该是老古董了,可在安阳发现后的 20 世纪初年,却是新事物,蔚为"甲骨学",古董变今学。

362

艺术、科学、文化不要怕杂,好像生物界,杂了才有新的品种。

363

儒学在近代中国的命运有两个:当举起爱国主义的旗帜时它就交好运,传统是反对外国资本主义侵略的武器;当举起革新的旗帜时它就交厄运,传统是被批判的对象。

364

历史学就是要当好事后诸葛亮。

365

"身贫志不贫,卖艺不卖身。江湖路上客,走后留名声。"这是旧时黄梅调一类卖艺人的信条。

366

在困难中认识了他人,也检阅了自己。

367

严复从西学到中学,蔡元培从中学到西学,王国维则中西并进。

368

科学技术不是没有国界,而是在突破国界,它飞越太平洋,飞越大西洋,飞越喜马拉雅山,冲破每一条国境线。

369

有一种人的金字塔是用废话和谎言垒起来的。

370

没有过失的好人是少见的,不讳言才有信史。

371

大家庭在辛亥前后走向没落,鲁迅与瞿秋白两家很典型。鲁迅和瞿秋白却是没落中的新生命。

372

中国以往的历史,多为朝代递嬗,很少显示出阶段性来,与其说历史的进步,不如说是时代长流的绵延。

373

欧阳竟无提出"结论后之研究"的佛学研究法,认为佛法研究,皆是结论后之研究,而非研究后之结论(《今日之佛法研究》)。其实一切学说和科学上的结论都只是引向新的结论的先导。结论都有阶段性,认识是无穷的,也可以说都不是结论。

374

新近腾说的模糊历史是由模糊数学延伸而来,是鲜明历史观的反面,对"文革"的是非虽有"宜粗不宜细"的说法,可能恰是模糊历史的启导。

375

中外文化交流,古代,中国流出去的多;近代,西方流进来的多。

376

中国的封建社会,土地可以自由买卖,地主经济不变,地主是不断变换的;官职可以通过考试和其他途径取得,官僚政治是不变的,官僚是不断变换的,比起西欧的封建制来,富有弹性。但地主、官僚总要强调"世泽"。

377

在封建社会里,皇帝、贵族可以世袭,但只限于一个朝代,皇帝虽然不是个人的轮换,却是朝代的轮换,千百年世袭下来只有衍圣公。世袭世荫的观念却那么顽强。

378

著名的赵州桥、天坛的回音壁,始建者未必懂得拱桥的力学原理和声学原理,要后人来替他们回答。

379

学生的道路是求学而求业,清末以来的学生却是求学而革命。

380

编词书的人必须是经常查词书的人,才懂得搜集词目、取舍词目和解释词目。

381

甲午战前中国知识分子的新知,大多是通过香港、上海和出国的媒介取得,如王韬是由苏州甫里的乡村书生去上海、去香港、去欧洲而后完成其资产阶级改良思想的。甲午战后除以上媒介的扩大外,有很多知识分子则是从译书和报刊获得新知的。

382

戏剧和小说多集偶发事件而成,这些偶发事件又反映了它的必然。

383

无政府主义,在辛亥革命时伴随民主思潮而来,在"五四"前后混同社会主义而流传,到了大革命后就成了反动的政治流派。

384

鸦片战争前夕,中国又面临周期性改朝换代的时候,由于西方势力的侵入,改变了前此的轨道,中国在炮口下被迫进入近代,这就决定了中国近代社会的命运。

385

我们做过"一天二十年"的梦,得到的却是"二十年一天",那是说别人走了二十年,我们才走一天。

386

太平天国是农民战争,农民战争从来只是一种改朝换代的力量,并不是创建新生产的力量。

387

当你被诬指为"错误"的时候,你就坚持"错误"走下去,以回敬那些貌似正确的人。

388

要从你的视野之外取得在你视野之内的东西,才有丰富的内容。

389

我们的最大困难,就是封建的潜网编结在曾经是彻底地反封建的战士身上。

390

太平天国本来就是一种周期性改朝换代力量,但它身上挂满了反封建的花环。

391

学问,只有执着地"众里寻他千百度",才能出现"蓦然回首,那人却在、灯火阑珊处"的境界。

392

史学要从政治成败、阶级斗争和伟人活动等模式推开去,深入历史的社会生活。

393

外力可以窒息思潮而不能消除思潮。

394

太平天国以喜剧进入南京,而以南京城破的悲剧告终,在敌我力量的对比中有着深藏的社会原因。

395

太平天国在进入南京以后,潜在的封建基因日益滋长,成为新起的尚未成熟的封建政权与衰败中的清朝封建政权的对峙。自1860年起,以曾国藩为代表的汉族儒生军事力量已显著地给衰败中的清朝起着加固作用;而洪仁玕对杨韦事变后太平天国虽有所挽救,却没有收到重整旗鼓的实效。

396

民心即天心,民心不可丧失,这是历代政治家奉为圭臬的。试问我们的民心停留于中世纪的状态,我们是跟着这种民心起哄还是把他们引导到新的世界里来?这是近代中国政治家的重要课题。

397

在实现科学的社会主义的道路上,并不是每一步都是科学的,有的甚至离科学很远。

398

只读马克思主义的书绝不能发展马克思主义,要面向实际和读马克思主义以外的书,才有可能发展马克思主义。

399

错误,有的是不可避免的,有的是可以避免的;不可避免的错误有许多是愚昧和盲目造成的,少一些愚昧和盲目,不可避免的错误就会转化为可以避免的了。

400

1856年10月23日,英国兵舰越过虎门,次日向广州进犯,大炮隆隆,叶名琛安详地在"校场看乡试马箭",置警闻于不顾。马箭与大炮,西马糜各厘(英海军上将)与叶名琛,这是鸦片战争15年后中英在广州的较量。

401

鸦片战争八年后,咸丰当家了,一切交涉仍是要那些"夷酋"回到广东去,儿子比老子并没有什么长进。

402

近代中国就是别人无情地在改变我们,我们怎样对待改变,是有情地接受改变还是无情地抗拒改变?这就是中国的近代史,是一部变革与反变革的历史。

403

每个人都有个自己的"小王国",在这个"小王国"里,他是暴君,或者是懦夫。

404

"扶贫致富,送技术要放在第一位。"(胡耀邦的话,见《文汇报》1986年4月24日第1版)过去我们是送"宝书"放在第一位。

405

人们对于失败,常用不太真实的原因去搅乱真实的原因。

406

洋务运动是不成熟的工业革命,它向工业革命走了一两步。

407

园地铲除了鲜花,必然是杂草丛生,杂草比鲜花的适应力强。

408

太平天国被自己打败比被清军打败的要多。

409

顽固派总是挥着神圣的旗号迫使你回到老路上去。

410

不要以什么人说的来定是非,而应以他说些什么来定是非。

411

许多人身上是自尊与自卑的混合,近百年的中华民族是庞大的自尊与自卑的混合体。

412

"蟹行文字",我们的祖辈讥笑别人的文字横着走,没有想到仓颉造的圣字也横着走了。

413

中国的资产阶级回旋余地很少,开始是封建势力的压制,也遭到农民的反对(只有如张謇的老乡才不反对他),后来是工人阶级的反对。

414

受骗是愚蠢,骗人是奸恶,有受骗者而后有骗人者,愚蠢和奸恶都是社会之蠹。

415

阶级是对立的,生长阶级的土壤并不是对立的。

416

史学在于引导人们认识历史,认识社会,也要引导人们去认识历史年代里的自然界巨变,因为自然界的巨变常在毁灭社会,远者如1870年的长江大水,近者如1976年的唐山大地震。

417

胜利使人陶醉,失败使人警悟,陶醉引向失败,警悟引向胜利。

418

哲学上的飞跃不应该完全抹杀社会历史的渐进现象。

419

宁可因反对而招人嫌,不要因乞求而招人嫌。

420

革命在反对旧传统中逐步形成自己的传统,一旦形成了传统就为自己制造了框架。

421

一件小事情会引导历史的变革,乒乓外交即其一例。

422

世界永远是善恶美丑的奇妙结合,亿万年以后也不会出现只有美善而没有丑恶的天堂。

423

人们欢喜外貌丑陋的钟馗,因为他能捉鬼。

424

1948年春,于右任与孙科、李宗仁、程潜竞选副总统,没有充足的经费送礼,乃写了一千多幅"为万世开太平",送给向他求字的国大代表。报上说反映了于先生的博大胸怀,要是在过去必说是"为国民党送葬"。

425

章太炎"转俗成真""回真向俗"(见《菿汉微言》)的哲学命题是

实际(个别)—理论(抽象)—实际。

426

"辛丑"后的新政,是慈禧看到人民要起来掀清朝的屋顶了,她赶快开个窗洞。

427

我们的革命是在改造社会,但社会也在改造我们的革命。

428

人,看到了明天的曙光,他就会向昨天告别。

429

舢板与轮船不是东西文化的差别,而是历史进程上的差别,我们应该研究的是,为什么会产生这种历史进程上的差别。

430

对比是横向的,差距产生于纵向发展之中。

431

不管人们说我有多大的过失,只要我对青年的成长有过一点热情和帮助,我就心满意足了。

432

从历史探测现实,从现实追溯历史,不只是历史学家"通古今之变"的必然要求,也是实际工作者观察和处理问题的重要方法。

433

牛郎织女的故事不知从何时传开的(《古诗十九首》的"迢迢牵牛星,皎皎河汉女"之前早就有了),我们现在把它作为"两地分居"的代号,其实它是男耕女织朝朝暮暮在一起的社会象征。

434

理性是现实的反思,理想是理性的远景。

435

新的经济领域的开拓,应该导向政治的变革,洋务运动把政治变革留给了维新派,它自己被"中体"堵住了。

436

僵化了的传统文化,没有引进(外来媒触)就不能推陈出新,只能推陈出陈。

437

可以说清楚的事而不让你说清楚,那就沉默,永久的沉默。

438

当被一种偏见劫持的时候,就不会有"实事",更不可能"求是"。

439

环境创造人,人也创造环境。人在创造近代化中成为近代人,有了近代化的环境就会使人普遍近代化。

440

狠狠地把人击伤了,人们却看不到伤痕,那是以"理"杀人之类。

441

清末的会党,是商品经济在逐步破坏自然经济中被抛出来的人群,义和团反对洋货就反映了这种情况。

442

迂回的革命来自迂回的社会。

443

怎样认识海洋和逾越海洋,是横在19世纪中国人面前的巨大课题,《海录》《海国四说》和《海国图志》《瀛环志略》等书都是为此发愤而作。

444

人类的边疆远远大于祖国的边疆,可是在人的胸怀里,祖国的边疆远远大于人类的边疆。

445

我们的信仰受到最大的愚弄,第一次是"大跃进",第二次是"文化大革命"。

446

邪恶的东西来干预正常的生活,总是以神圣的语言为前导。

447

"哲学家们只是用不同的方式解释世界,而问题在于改变世界。"(《关于费尔巴哈的提纲》)按照这个原理,在近代中国,洋务派是开始了做"改变"的工作。

448

冯骥才的中篇小说《三寸金莲》有很大反响,因为它刻画了落后的审美观造成的妇女苦难史。其中的天足会会长透出了解放的曙光,这个会长的原型应是康有为。

449

受到信仰的愚弄,信仰就再也回复不到原来的地位了。

450

逻辑推理来源于事物,在运用中却常常远离事物。

451

为了坑害别人,有一类人什么手法都使用得出来,最重要的手法是笑脸相迎,袖里藏刀。

452

中间路线是一个不稳定的分化中的存在体,它的主张尽管多是幻想,但有的包含于后来认为是正确的内容中,也有它所反对的正是后来指出应该回避的东西。

453

鲁迅在《狂人日记》中,宣布"我"不仅"被吃",也参与了"吃人"。"文革"时遍地都是"吃人"和"被吃"的"我",上午"吃人",下午"被吃";一边"吃人",一边"被吃"。

454

要求做真人则可,要求做完人很难,因为世界上有真人,不一定有完人。

455

政治手段的强制行为发挥至极端时,社会经济生活就会自动起来抵制这种行为。

456

在新旧文化的递嬗中,有些不该剥落的民族文化被剥落了。

457

19世纪的中国,一只脚徐徐伸向近代,另一只脚却仍被堵住在中世纪的门内,尽管用力拔,那只脚还是中世纪的。

458

"不患寡而患不均",从土地革命开始就在求"均","大跃进"与"文革""均"到了极点,"文革"后才大悟:"不患不均而患寡",因为"可均"的东西愈来愈少,"中国之患在贫"。

459

"文革"时的造反派,不是造反派而是造神派,砸掉小庙小神,造成一个独一真神。

460

毛泽东的伟大是民族的,时代的,他晚年的错误是民族的,不是时代的。

461

"人民怕官,官怕皇帝,所以那时他们还能维持现状。"(孙中山语)一到人民不大怕官,官不大怕皇帝的时候,他们就不能维持了。

462

怪诞的"文化大革命"有两个因素,一是封建遗毒的再现,一是无产阶级专政形成的独裁制的膨胀。前者是内在的,后者是外来的,所以"文革"是中外也是古今的恶性结合。

463

中国有过多少山水画,又有过多少山水诗,可在近代以前,却没有大海大洋的画,也没有大海大洋的诗。

464

如果早20年、30年为王实味洗冤,以后就不会那么多沉落的"王实味"。(新编的《毛泽东著作选读》中,对王实味的注释说:"关于他是暗藏的国民党探子、特务一事,据查,不能成立。")

465

"逆境当然是一个了不起的先生"(卢梭《一个孤独的散步者的遐想》中的话),只是青壮年的先生,对老年却是追不回的逝波。

466

民国成立时称新时期,1927年大革命时称新时期,1949年全国解放后更是新时期,现在是"文革"后的10年又称新时期,差不多20年左右就要"新"一下,因为前面没有新得起来,才有后头的又一次新。

467

讲述历史总是从历史推向现在,思考问题则是从现在追溯历史。

468

是在发扬传统文化的基础上吸收外来文化以建立中国的现代文

化,还是在开放、引进的基础上改革传统文化以建立中国的现代文化?

469

大冲击后的社会有逆流,也有回澜;逆流是对冲击的忏悔,回澜是对冲击的慎思。

470

我喜欢上了年纪的人剩下来的是心平气和,但我也喜欢生姜越老越辣的性格。

471

为了掩饰一个错误,就会铸成更多更大的错误。

472

先走一步就是异端。

473

变革对每个人每件事不可能都有思想准备,总有这样或那样的强制性。

474

人们怕忘本,我想有些本忘了也好。

475

中国的近代化是从引进军事技术开始的,在近代化的过程中,军队的近代化也比其他事物的速度要快。因为统治者对新的军事装备比对新的生产技术更有兴趣,最顽固的军阀也要取得最新的军事装备。

476

探索自己不懂的东西才能积累知识。

477

脸上绽开笑容,心里却在哭泣的人们永远不会消失。

478

沈钧儒是清朝最后一届(1904年)会试的进士,这条路规定了他只能做立宪派,但激荡的时局又引导他走上了民主爱国和赞同马克思主义的道路。

479

我们的难处是:要由不太现代化的人去完成非常现代化的事,要在现代化中化人,要借助他山之石。

480

有人说"家是世事纷纭中的避风港",在"左"的路线下,家也成了风波亭。

481

当一般都提高了以后,原来的特殊也就降为一般了。

482

文化思想上最没有出息是照搬照抄,但模仿又往往是创作的前导。

483

对于西方的民主选举,在我们这里不是变为猪仔议员,就被指责为一无是处的虚伪。

484

中国人的治学,大体有两种倾向:一是比较纯学术的,一是主张"经世致用"。经世思想是意识形态中最活跃的部分,因为一切文化都是社会需要和经世的产物,所谓纯学术也只是经世思想的异化。马克思主义要解放全人类,是最大的经世学派。

485

等级制不是阶级,是阶级的分割;森严的等级制是仍没有摆脱王臣公、公臣大夫、大夫臣士、士臣庶人的框架。

486

香港的地摊上,摆着许多陈旧小玩艺和裸体画,还有毛泽东大像章,它们多么不协调,却在这里走到了一起。

1987 年

487

没有超然于人我的历史著作,史著都是客观要求作用于主观认识的产物。

488

这两年又来了一股新儒学的思潮,其实儒学已经"新"过了好多代,这只能说它自身附会时代之新,绝不是引导和发展社会之新。

489

绕着圈子走路的人,永远也走不出新路来。"譬如赛跑,至少总得有两个人,如果不许有第二人入场,则先在的一个永远是第一名,无论他怎样蹩脚。"(鲁迅语)这还能有奇迹吗?

490

革命传统是对抗几千年的老传统而出现的,到后来革命传统也会以保卫老传统的面孔而出现,不信,请看近年的孔子研究会和新儒学。

491

丑陋的中国人和勤劳勇敢的中国人是并存的,不只是分别表现于不同的中国人身上,也表现于同一个中国人身上。

492

当你在信任的时候,也就是容易受骗的时候。

493

日本的大化革新是"全盘中化"(汉化),但没有把科举制度化去。

494

科举制度是造官机器。

495

任何一个新的思想要成为一种物质力量,就必须成为社会意识。要改造国民性,在很大程度上就是要改掉民族的落后社会意识。科学观念和意识的改变是比较容易的,但改变社会意识就非常困难。

496

玉佛寺的素食很有名气,我去吃了一席,许多菜品是仿荤(豆制品的肉片、鸡片和鳝鱼),可见和尚从没有忘记吃荤,难怪现在派生了科级、处级和尚。

497

往往有这种情形:做了官,人性就少了,官愈大人性就愈少,等他退休了,人性才能慢慢恢复。

498

事件正在发作的时候,人们并不能说出它的真实原因。当局者迷。

499

杜月笙本来是扎裤短打装束,后来阔了,成了海上闻人,可他的服饰不是变为租界里的西装革履,而是变为汉官威仪的长袍马褂。

500

坚持四项基本原则和坚持开放改革的二重奏,要奏得很和谐,不是一重高、一重低,那要有政治家的身手,哲学家的头脑,艺术家的天才。

501

地方志是中国传统文化之一,它是由地入史,以史经世,从自然始并不引向对自然的探讨,而是引向为政者的参考。

502

"民主"这个词好像又有点犯忌讳,报刊上忽然少见了,看来它是一个永恒性命题。

503

义和团是被落后的生产和意识扭曲了的正义斗争形象。

504

义和团的落后性通过正义的斗争表现它的合理存在。

505

曾国藩是封建传统的忠诚捍卫者,然而恰恰从他身上开始展现了传统的裂口。

506

李鸿章游孔林时说:"孔子不会打洋枪,今不足贵也。"那是说孔子过时了。

507

两种听任:曾国藩最后一年的日记中记道:"内人病日危笃,儿辈请洋人诊视,心甚非之而姑听之。"孙中山素不信中医,病危时,宋庆龄与左右请中医为之视脉,脸转过去而任之。

508

义和团不是民族的觉醒,但它促进了民族的觉醒。

509

人选择历史,历史也选择人。洪秀全、康有为、孙中山都选择了历史,但历史却选择了曾国藩、西太后和袁世凯。

510

经验使人聪明,也使人愚蠢。

511

混的怕横的,横的怕不要命的,所以世多亡命之徒。

512

许多事物在悄悄中出现,一旦被人发觉了它的妙用,就会成为高声叫卖的奇货,假货也随之而来。

513

废科举,兴学堂,是在假"新政"中发生的真变革。

514

埋藏于历史最深处的是非,只有在扫除沉滓时才能见到。

515

政治上强调的东西,常常不是能用哲学的语言说清楚的。

516

人类历史上开过许多花,有科学之花,有艺术之花,有政治之花,反对中世纪黑暗统治的西方民主制度不能说不是一朵花,尽管后来有更鲜艳的品种。

517

政治道德堕落,要改善职业道德、社会道德虽不是缘木求鱼,却也是进退为难的。

518

中国人的"天朝意识"和"世界意识"的互为消长,是闭关与开放的两重奏。

519

公式是从规律中来,但不能把公式当作规律,因为它已经概念化了。

520

人们常常是在违背规律遭到严惩之后才去认识规律的。

521

国旗、国徽是图腾的近代化。

522

"中国不能行使自己的主权,它只能在其他国家允许的范围内行使主权。"这是一句最能说明半殖民地性质的话。

523

"好像每个人都害怕别的人。"(辛亥时的社会心理)

524

"革命党人不信任袁世凯,认为他是清朝的支柱;满人也不信任他,认为他在策划倾覆清朝的阴谋。"(《清末民初政情内幕》上册第800页)反过来也使革命党人看到了清朝士大夫对袁的不信任,清朝士大夫看到了革命党人对袁的不信任,对立面的不信任正是自己的可以信任,所以袁世凯在参议会上以17票(全票)当选了大总统。

525

康有为由历史进化观推论出了一个"一一生花界,人人现佛身"的大同世界。怎样大同?是"去九界"。怎样"去"?就糊涂了。

526

历史的创造者要求是这样,可是历史的自身还会有那样,这叫作不以人们的主观意志为转移,所以租界也有两重性。

527

该改变的事物改变不了,该淘汰的东西迟迟不能淘汰,这就是历史的惰性。凡传统都有惰性,马克思主义也不例外,以时间、地点、条件为转移的马克思主义哲学是医治惰性的,但马克思主义者并不能完全认识和掌握这种转移。

528

袁世凯的一条辫子与大总统是等价交换。

529

诗不是史,诗中有史,是社会在心灵中的跳动。

530

土地改革改变了封建土地所有制,并没有触动自给自足的小农经济,而是平均地满足了小农的土地要求。

531

民族主义是动物界的群居本能的升华,"兄弟阋于墙,外御其侮"和"血浓于水"都是本能而不是理性的表现。

532

要从偶像崇拜中找回来曾经失落了的自我、失落了的人的世界,这是"五四"精神之一。

533

政治、文化随着经济、物质的变动而变动,但是政治、文化的复旧常见,经济、物质的复旧不常见,停滞的现象则有之。

534

任何个人产生的观念都是一种社会意识,即使萌发中的先进观念,也只是人们尚未触到而你首先触到的社会意识。

535

理论必须与具体实际相结合才有活力,这是普遍规律,怎样结合可能因地而异,则是特殊规律,只有僵硬的公式主义者到处硬套。

536

没有"实事"不能"求是";不尊重"实事",更求不到"是"。

537

"我来问道无余说,云在青天水在瓶。"这两句禅偈词,无非是任其自然罢了。

538

改革不可能没有权力之争,因为它将触动一部分人的既得权力;改革者为了贯彻改革也不能不掌握权力。

539

杜甫的"闻道长安似弈棋"句,是颇为伤感的,如果棋是改进和胜利的一着,我想杜老先生会破涕为笑。

540

一件成功的产品进入市场后,随之而来的就是仿制与假冒。仿制是公开的,是一种追求,人们赞其能够"乱真";假冒是偷窃,同于盗匪,它的最高境界则是大奸若忠。

541

对学问要"不疑处有疑"(胡适)才能发展,也要在"有疑处不疑"(杜威)才能测验自己的识力。

542

尼采哲学久被谳为法西斯思想的先导一语骂尽。但在王国维译介尼采哲学后的二三十年间,梁启超、章太炎、陈独秀、鲁迅、郭沫若等曾经对尼采都有过好感,似乎想从他的身上找到什么力量。

543

把假话说得比真话还真,只有傻子相信。

544

一切新观念都是在一片反对声中取代旧观念的。

545

"一点不差,不能差一点。"一个铁路职工这样说。"差不多先生"也在变了。

546

没有未来,谁去写历史?写历史都是为了现在与未来。

547

西太后制服了一个又一个政敌,她总想有朝一日对付一下洋鬼子出口气,义和团的刀枪不入失效她才死了心,也要跟着洋鬼子去维新了。

548

1937年11月叶挺以新四军军长名义向记者发表谈话,他说:"日本顶怕我们的就是团结,而顶希望我们的就是涣散。凡是日本怕的,我们就要去做;凡是日本希望的,就要避免。这是致胜的道理。"(见《革命史资料》第6期)按此话后来发展为"凡是敌人反对的我们就要拥护;凡是敌人拥护同的我们就要反对"。

549

火车是近代化的使者,它开到哪里,哪里沉睡的人民和土地就会跳起舞来。(车经湘西的怀化、麻阳、吉首、古丈、大庸想起)

550

新儒学是时代和社会新了它,不是它新了时代和社会。

551

由陶文浚到陶知行,再由陶知行到陶行知,反映了20世纪前期中国知识界认识转变的历程。

552

历史是螺旋地前进,我们的历史螺旋得太多了。

553

读了江苏人民出版社出版的《宋庆龄》,觉得是把她的政治活动连缀起来的,而不是从她的生活连缀其政治活动的。

554

孔夫子,"五四"以来是个最大的打倒对象,现在是个最大的统战对象。孔夫子没有变,是我们在变。

555

张大千在民初的画名是仿造石涛,以假乱真,愚弄了当时著名的收藏家和鉴赏家,然后而有自己的作品。

556

最忠实的家臣可能是最不忠实的公仆。中国有家臣的传统而没有公仆的传统。

557

解放前是历史领着人去改造,解放后是人领着历史在改造,人领着历史比历史领着人改造的失误要多,因为人老想超越历史。

558

"勇于敢则杀,勇于不敢则活"(老子语),而杀者得英名,活者享实惠。现在是"勇于敢"和"勇于不敢"的结合,既获英名又享实惠。

559

随洋务运动的军事技术、生产技术的近代化而来的,就是政治社会思想的近代化和哲学思想的近代化。

560

康有为何以在晚年称"天游化人"?他在《诸天讲·自序》中说:"吾人生于星中,即生于天上,然则吾地上人皆天上人也。"既然"地上人"皆"天上人",人都在"天游",所以他康有为是"天游化人"。

561

康有为在《长兴学记》中提出的"逆而强学者智"的命题,认为:"人所以异于人者,在勉强学问而已。夫勉强为学,务在逆乎常纬。"这是他从教育入手在思想上为维新变法做的重要准备。

562

"历史之一大秘密,乃在一个人之个性,何以能扩充为一时代一集团之共性?与夫一时代一集团之共性,何以能寄现于一个人之个性。"(梁启超《中国历史研究法》第六章)这话的前者是说少数个人的先进思想散播为社会思想;后者则是说一个时代、一个集团的思想必然依托于个人,甚至那个时代那个集团已经过去了,其思想仍留存于许多个人。

563

知识并不创造物质,只是改造物质,但改造了的物质具有创造性。

564

"世胄蹑高位,英俊沉下僚。"(左思《咏史》句)这是南北朝门阀制度的写实。不仅南北朝如此,南北朝门阀制度推翻了,又产生后一个朝代的"世胄"。清朝有八旗子弟,民国也有"世胄",很快被斩了。

565

写人物要表现两个"我":一个是所写对象的我,要把所写对象这个人写出来;另一个"我"是作者自己,要看得出是我写的,而不是任何其他人写的。

566

从变革中求不变(新的稳定),变不是目的。

567

"青山有路,在晚霞深处。"这是两句体验老年人胸怀而很有意境的诗。

568

知识的近代化萌芽于林、魏,发轫于洋务运动,突破于维新时期,到20世纪初年中国才有近代知识分子群。

569

历史只告诉你过去是怎样做的,可是现在人们朝思暮想的是现在和将来怎样做,所以《走向未来丛书》不胫而走,青年史学工作者特别叫唤史学危机。

570

不要叹息,不要流泪,只要有人群的地方,就会有欢笑,就会有歌声。

571

过去对太平天国论述的错误,主要是把自发写成了自觉。

572

魏源说了"变古愈尽,便民愈甚"的话,拿什么来变他没有明晰的认识,我们可以拿他另一句话"师夷之长技"来回答,这两个思想魏源没有联系起来,后头的人才能联系起来。

573

怕事怕死的人多,所以亡命之徒到处得逞。

574

革命者破浪前进,不顾风险;改革家摸着石头过河,唯恐遇风险。

575

书、文章要有精神压力,令人去思考。中国需要这样的书和文章,鲁迅所以不朽。

576

人类在漫长的岁月中是自然界的奴仆,做自然的主人是在产业革命、科学技术高度发达了以后,是征服自然,现在已是由征服而榨取了,也就遭到自然界的报复。可是中国还没有真正做上自然界的主人,已经吃到报复的苦头。因为我们对自然有的不是征服而是破坏。

577

"文化大革命"揭示了历史对现实的干预,反过来现实又严酷地检验了历史。

578

教书、写书、学生是我的支柱,离开了这些,我就不存在了。

579

先问问新名词的意义,不要一碰到新名词就跳。

580

自然和社会发生的紊乱,看似偶然,其实每一个紊乱都有其内在的必然。

581

近代中国的广东和湖南涌出了大批卓越的人物,但有所不同,广东是拿进来(对西方文化),湖南是冲出去(对传统文化),拿进来和冲出去是中国创造近代文化的出发点。

1988 年

582
生活在现代的人不一定就是现代人,可能还是个过去式,很远的过去。

583
解放前报上常可看到"民主在哭泣"的话,现在,民主是经常被考验。

584
中国不是走出中世纪,而是被轰出中世纪的。

585
尽管封建是那样顽梗,但一百多年来没有完全不被溶解的封建固体,只是溶解的先后和程度不一。

586
最可怕的是旧的伦理道德转化为新的政治道德。

587
应世哲学有实用价值,不一定是自己的信仰。

588

"行无愧怍心常坦,身处艰难气若虹。"这副对联是30年代初,陈独秀在狱中,刘海粟探监,携宣纸笔墨请陈写的,颇能反映陈独秀当时的心怀。

589

反洋教斗争的群众性、爱国主义掩盖了愚昧。

590

禁宰耕牛,老农不忍食死亡耕牛的肉,是农业文化的分泌。

591

人在改造环境、塑造建筑,改造了的环境和塑造的建筑又在改造人、塑造人。

592

十年来的反思打开了开放改革之路,但不是一切反思都准确,也需要一点反思的反思,或者叫反反思。

593

官僚主义是随同传统的官僚政治而来,这个传统膨胀得吓人,一是官僚的数字按人口比例也是超越古今中外的,二是官僚主义已膨胀到了无孔不入。

594

没有反对的声音,就不可能有完善的思想内容。

595

反思不是复旧,但渣滓常伴随反思而来,要由反反思澄清。

596

文明史中大嚷大轰的分歧与对抗,都是文明史远景的补充。

597

不了解国情可怕,被国情俘虏更可怕。

598

乞丐与贫困是同义语,产生乞丐却不是贫困,而是社会有了剩余;卖淫也不是产生于卖,而是有了买者。

599

反思不是翻烧饼。

600

大学生受许多老师的熏陶,他们有多种选择。研究生归一个指导教师包办,如果导师不是循循善诱,一味照自己的模式塑造,未必能青出于蓝,可能仍是蓝,也可能由青变蓝。

601

没有十字路就没有自己的路,自己的路是从十字路口走出来的。

602

捏造罪名只能得逞于一时,夸大错误却是长期的迷惑。

603

当这里走向极端而受到惩罚的时候,那里却在困心衡虑中接受教训而获得了挽救,这是世界范围的两种历史反思,由不同一性中产生了同一性。

604

布哈林在将被死神召唤之前,写了《致未来一代党的领导人》遗书,他相信下一代不会同他那一代是同一种心态。

605

动物园里的老虎会失去虎性,因为它的饲养员是人不是大自然。

606

谣言常伴随名声的翅膀起飞,"高明之家,鬼瞰其室"。

607

从旧的束缚中发出的反弹力是惊人的,但"反"的作用是有限度的,最终要回到和发挥自身的弹力上来。

608

反思是新旧生活递嬗的动力。

609

"车到山头总有路","路到尽头便挖洞"。前一句展示希望,后一句表示意志,人生是希望和意志的融合。

610

瞬息中有永恒,艺术家、政治家捕捉的瞬息就是永恒。

611

信息在流动,谁抓住它就抓住了科学,抓住了财富。

612

屏幕上的世界是渺小的,也是广大的;是虚幻的,也是真实的。它是广大与渺小,真实与虚幻奇妙的结合。

613

"日本人虽然打进来,占了上海,可伊没本事把上海搬到日本去。"黄金荣说出这样一句话,所以他没有落水当汉奸。

614

当权者往往喜欢听一个声音,真理却来自多种声音,至少要有反对者的声音。

615

"左"的思维抛弃了传统,医治"左"的创伤有回归,回归是扬弃中的保留。

616

知识在于提出问题和回答问题,怎样提出问题需要更富裕的知识。

617

有物质文化,有观念文化,物质文化也有心灵的颤动,这是文化现象与自然现象的泾渭。

618

现在有许多事不是知(理论)的问题而是行的问题,为什么不能起而行?或者行而不通。似乎还是"知易行难"的古训。

619

从16世纪后期中国就有走出中世纪的现象。然而走不出,直到别人的大炮打来才被轰出中世纪。

620

地狱之门砸开了,严凤英从地狱里被引进天堂之路,她又在施展才艺的盛年死于天堂里的地狱。(看电视连续剧《严凤英》想起)

621

一个刊物提出要当代史学家回答十题,其中一题是"您认为不学历史的最大害处",我是这样回答:"不学历史一样吃饭,学了历史饭可能吃得好一点。"这样写,人们会觉得滑稽,乃改为:"缺乏历史知识的行为是盲目的,盲目性给个人与社会都会带来损害。"

622

什么叫知识分子?应该说他们是站起来思考着的人。

623

智慧与权力两者不可得兼,宁舍权力而取智慧,因为权力是临时的,智慧是永恒的。

624

说假话的人说真话也没有人听,说真话的人谎言也可乱真。

625

历史的阶段性是历史的转折,不应是历史的分割。

626

"龙的传人"是神话,是歌唱,不是历史。

627

"在一台凶恶的机器面前,我感到自己无能为力。这台机器大概借助于中世纪的方法,攫取了巨大的权力,炮制着有组织的主张,厚颜无耻地在采取行动。"(布哈林《致未来一代党的领导人》)时代已经走出了中世纪,可是比中世纪还狠毒的权力又回到了当代的一些权力者手里。

628

"新旧如环",环者圆圈也,但它不是循环的圆圈,乃是新旧不断的起承转合的圆圈。

629

没有难度就不会有特色,更谈不上创新。

630

不要怕反对,反对得对,纠正了我的错误;反对得不对,别人将会反对他。

631

不为历史现象所迷惑,不为议论家捉弄,要有一双治史的眼睛。

632

从曾国藩到康有为等人都是从内心的分裂引向社会的分裂。

633

子孙与父祖的代沟在以往只是成长与衰退的生物现象,到了近代,子孙与父祖的代沟除了生物的现象之外,更多的是来自外界的刺激和文化的渗透,它会越过生物现象的年龄界限。

634

那些西学原义和词语一旦打上"中国特色"的印记,就面目全非了。

635

宏观与微观的结合,应是宏观中能具体,微观中有通识。

636

历史的回归终究是后人的重塑。

637

一流为多,多归于一。

638

民族矛盾掩盖新旧矛盾,反洋教斗争和义和团运动反映得最为突出,上海拆毁吴淞铁路及其他不少华洋冲突也类此。

639

近日"议价儿子"对计划生育的冲击,最是具体而微地反映了中国人的传统心态。

640

只说儒学的惰性,是百数十年来新旧冲突中新派的通识,其实儒学有其理性的内容，特别是其修补功能，周期性的大动荡之后，都是有赖于儒学的安抚。

641

"矫枉过正"，是一种历史现象；"矫枉必须过正"，则是毛泽东的主观精神。

642

丁玲在80年代写了两部回忆录，一本是写30年代经历的《魍魉世界》，一本是反映60年代生活的《风雪人间》，其实"风雪"之中、之后都有"魍魉"。

643

政治需要智慧，但又欢喜愚昧。

644

智慧启迪愚昧，不愚昧却常常被愚昧包围，"大跃进"是一例，"文革"又是一例。

645

舞台上正角之外有丑角，丑也是一种美。

646

人事的新旧更替，机构的新旧更替，并不与思想上的新旧交替同步。

647

4月1日为西方愚人节,这一天可以用任何谎言骗人,如牛细胞与番茄杂交成功之类。"大跃进"亩产一万斤、五万斤,却不是愚人节的愚。

648

要民主的混乱还是要专制的秩序,是辛亥革命后对袁世凯的选择。

649

洪秀全的思想事实上是以儒学为根基揉进基督教的内容(特别是仪式)而成,是近代新儒学的发端,其后是康有为用进化论改造的儒学,再后是"五四"以后的各家新儒家。这些新儒学,有的曾经在吸取西学中改造自己,也触动了对中国社会的改造;有的是在中西文化的比较和各种社会思潮的困惑中阐发了儒家和民族的传统精神,各有其社会效果。今天的新儒学是"五四"后各家新儒学的继续,是以反思的形式带着挽救思想危机的愿望出现的。曾经长期作为统治思想有过深远影响的儒学,为了适应社会变革的新形势,对它进行新的注释,并唤起人们尊重那些不该失去的传统,这是社会思想转变和发展的必要补充。但新儒学不是现代化的改革和开放的精神支柱,而是现代化的改革和开放对儒学注射的现代意识;它不是具有指导意义的思想超前,而是反思中浮现的思想回归,回归只是扬弃中的保留。

650

"学外国织帽子的方法,要织中国的帽子。"(毛泽东《同音乐工作者的谈话》)也要以外国的方法变中国的帽子。

651

工业经济、民主政治和民族主义是近代世界的三大潮流,中国在这三大潮流中载浮载沉。

652

清末因地方自治的掀起而有自治风潮,诸如反对调查户口、钉门牌之类,叫作"打新法"。"打新法"也是一种"民意"。

653

了解和掌握国情,主要是要认识和熟悉社会(经济生活和社会风情)。现在兴修的地方志,仍跳不出政治史的传统思绪,而没有把目光投到社会的各个层面上去。

654

神圣的法宝不一定都神圣,罪恶的东西未必全是罪恶。

655

孙中山后来常以让位袁世凯为一大失误;清监国摄政王载沣在退位后的40个春秋中,也常追悔罢了袁世凯的官没有把他除掉。正反两面都视袁为政敌,却都没有奈何他,是孙、沣的失误还是权力的牵制?

656

说教者的说教,他自己都相信吗?

657

在人类文化的发展史上,民主和科学是相辅而行的,科学是民主的基石,民主是科学的导体。

658

丑陋就是要曝光,使大家见其丑陋。所以官僚主义分子最怕见报,怕曝光。

659

近代中国,民主运动服从民族运动(反帝)是有阶段性的;民族运动服从民主运动是时代的持久要求。

660

儒学是抗拒腐败的,但儒学的官僚政治是不可抑制的腐化剂。

661

"靠山吃山,靠水吃水"是自给自足自然经济的律例,没有环境保护,只顾吃下去,山会变秃,水族也会绝迹。

662

一户一村都有围子,万里长城是个大围子。

663

生物化石是由现在变为过去,返祖现象则是过去回到现在,它们却在巨大的时代间隔中对话。

664

不要把发当作头,要从头说起,不能从发说起。虽然头上必有发,但发可以脱落而飘散头外。

665

鸽子称和平鸽,典出《圣经》,早已成为世界意识,谁会说它是"西化"?

666

北方侠义,江南名士,明清间这种南北风尚的歧趋和士大夫心态的不平衡,是由地区经济生活的差异而来。

667

克强先生不是一个思想家和学者,但他的民主思想、军事思想、教育思想以及兴建实业的主张,均有足述者。尤其他以宽厚的品德,生前与死后都为人敬仰。自民国以来的军人中,只有朱老总可以与之媲美。

668

毛泽东该打倒的地方还没有打光,但他有永远打不倒的东西。(1988年9月26日夜对研究生说的话)

669

日本对煤和铁矿砂的需求应该受制于汉冶萍公司,相反,汉冶萍却以债台高筑受制于日本,经济乎?政治乎?

670

绅商(由商而绅、由绅而商)和乡绅是官与民的中介,前者多在市,后者多在乡;前者与工商业结缘,后者与宗法、地租联姻,从他们身上可以捕捉到中国近代社会的脉络。

671

谣言为什么会不胫而走?除了人们道听途说的习性外,也因为它有过这样和那样的影踪,所以小说的虚构会给人以真实感。

672

慈禧在朝内主政40余年,李鸿章在朝外执政40年,赫德以总税司干政50年,构成了晚清的政治格局,而李鸿章则是朝内朝外、国内国外的纽带。

673

教育救国的时代过去了,应该是国救教育了。

674

包拯死去快一千年了,似乎他的时代还未过去,人们仍希望有现在的包拯。(1988年10月9日参观包祠)

675

没有官是无政府,可从古到今,人民都不太喜欢官,官是一种祸害。

676

不能用传统编织现在,要由现在编织现在,但传统是其基因。

677

被吸收、被消化的东西,也将改变吸收者和消化者(如儒学之吸收禅学)。

678

改造消极的东西为积极的东西,条件变了,积极又会回到消极。

679

就事物中的变与常的关系来说,转型期的变态比持久的常态更需要研究。但不懂得常也说明不了变。

680

许多人物的思想是这样,而行为又是那样。因此,就事论事很难获得真认识,要有心态分析。

681

人们计算长度随着世界范围的延伸而延伸,过去以围绕地球计算,现在开始了以地球—月球的来回计算(《来自脚绊裙的启示》,载

《文汇读书周报》第191号,1988年10月22日第4版)。

682

在实际生活中先有社会史(社会结构、社会现象的记载),而后有社会学,学科的形成却是先有社会学而后有社会史。

683

自己做错了是自己这一代的事,却要推到老祖宗身上去,又找到两千几百年前创立儒家学说的孔子身上去,因为事隔百代,尚有他们的社会基因。

684

不能再由孔夫子指挥今天,也不是用今天去改造孔夫子,应是从时代出发对孔夫子及其儒家予以取舍。这就是传统与现实的关系。

685

20世纪的中国就是这样,讨厌资本主义,又摆脱不了资本主义;憧憬社会主义,又离不开民主主义,两者纠缠在一起。

686

社会学与社会史是现状与历史的关系。

687

中国军事的近代化是从武器开始的,由武器推向训练、兵种和战术、战略,清末新军是近代化的关键,辛亥以后只是在这个基础上的增损。直到原子武器和国防现代化的研求,军事上才又一次大的突破,从近代化跃向现代化。

688

在软卧车厢里的人,一直被服务员奉为长官,今天我第一次听到叫"老师傅"的声音,这个"老师傅"应作老司务,车厢里的社会在变。(1988年11月8日沪广车上)

689

改造了传统文化的特点,才有中国现代文化的特点。

690

有许多传统的习惯势力不是被改革运动摧毁,而是它们在改变和腐蚀改革运动。

691

曾经尊重朴素的阶级感情,是为了发挥人们的组织战斗作用,但掩盖了小生产的愚昧性。

692

由传统社会进入近代社会,必然是对传统的最大削弱,不是铲除。但传统老人总不愿被削弱。

693

康有为在万木草堂讲大同学,禁止生徒外传,说"思必出位,行必素位"。那末他的《大同书》是"出位",而《戊戌奏稿》则是"素位"了。前者与后者当是思想家和实行家的差别。

694

传统不是一成不变,它是在地缘和血缘及其生产关系中一步步形成起来的,由一个轴心缓慢地积聚而流动,但有其凝定性,没有凝定就不能成其为传统。它的凝定性大于流动性,所以对传统的改造往往不能依靠它自身的流动,需要新的或外来的冲击力。

695

任何一个民族或国家的文化,或者某一个文化类型,它的发展都离不开继承、吸收和创新的道路。因为一切创新都不能抛弃原有基础,也需要吸收外来的新养料。从这个意义上来说,阳光下没有绝对的新鲜东西,所谓崭新的面目出现也只是包含着原有因素的最新发展。想砸烂一切传统文化建立新文化,是粗暴的,也是很难实现的。但是躺在传统文化的交椅上,不去吸收别国的东西,不但难以创新,还将导致自身的萎缩。在近代中国,不开放,不引进,就没有创新。

诗词

清明日与同学戴礼谢璞游岳麓山[1]

衡岳北迤脉奔散,云麓峥嵘湘江岸。
蜿蜒曲折洞庭南,龙蟠虎踞犹雄悍。
中有万寿之古刹,下有湘浏之回澜。
北海剥啄生碧草,岣嵝磨蝎夕照残。
据险探奇物皆有,天辟人文资战守。
马王开国何茫然,旧日宫墙空细柳。
屈贾节义已千秋,不废江河万古流。(用杜句)
自有文章动天地,如此江山岂可侪。
怅望城角劫灰黑,是谁开门揖盗贼。
孑遗民命纷似麻,乱丝而今遍南北。
我来正值暮春天,无限陵谷变桑田。
英雄跃马终黄土,寒食未飞蝴蝶钱。
生时磊落何豪气,死后魂魄存忠义。
年年麦饭吊荒山,垒垒石畔开野荠。
当年江山迹已陈,遗冢长埋百战身。
每怀救国伤心事,堕泪碑前空复春。
我感人生如朝露,文武安民在一怒。

[1] 原载《孔道期刊》,1936年。

手除奸蠹斩鲸鲵,奋身直往不回顾。
抒今吊古欲放颠,愿跨长鲸吸百川。
建安不作开元往,文章瓦铄委腥膻。
关中大豪漫浮筏,中有小谢清幽发。
我欲移旆向酒泉,谪仙旧令金谷罚。
醉时不管月和风,拔剑遂斩龙门桐。
凤集鱼浮董曲奏,人间焦尾不为工。
击节更起舞,意气迈终童。
君不见东山小鲁泰山小天下,我欲乘风问大雅。
逝者如斯已矣乎,三峡长江天外泻。

黔灵山寺中戏着袈裟摄影[1]

回首前程笑拈花,儒冠今欲换袈裟。
眼中一滴英雄泪,要渡苍生百万家。

所里病中[2]

翠竹粉墙院落清,销忧昼作绕阶行。
到眼风光春未老,支离病骨怕闻莺。

---

[1] 在贵阳大夏大学读书时(1938年春—1943年2月)所作。
[2] 作于1945年。

乌江船上[1]

杂花犹绕树,江上已春残。
水急千寻石,云深两岸山。
居民无完服,破屋每三间。
休道风光好,西南物力艰。

次韵钟诵余兄见赠[2]

一沙一叶托精神,风雨名山自有因。
守朴廿年持故我,盟心五夜访斯人。
著书卡尔真名世,耕凿许行昔问津。
留得心香长向往,明珠珍重未投身。

离　重　庆[3]

多谢云情送去船,浮板斜坡过江边。
行人多道舟延发,巴渝又留一日缘。

---

[１] 1945年3月由湘入川时在船上所作。
[２] 作于1945年11月9日。
[３] 1946年离开重庆时所作。

书斋置菊花一盆晚移檐前[1]

正是萧萧欲晓天,轻移盆菊到檐前。

疏篱知汝风霜惯,争恐轻温失自然。

船泊奉节[2]

茫茫湖山道路赊,眼穿望不到京华。

东风吹涨一江水,秋雨羁留八月槎。

心伴马头云出峡,人同雁影渚为家。

看书睡起浑无事,细剥核桃数浪花。

船自三峡下泊武汉重游黄鹤楼[3]

衣冠几辈浊难分,楼阁依然满夕曛。

胸底险翻三峡浪,眼前幻接十年云。

江山合有诗人藻,竹帛空谈革命勋。

中原血泪民力尽,和平安得戢兵氛。

---

[1] 作于 1946 年。
[2] 1946 年由川赴沪船泊奉节时所作。
[3] 1946 年由川赴沪途经武汉时所作。

病 中 感 杂[1]

（一）
朽木敢伤爨后琴,杏坛十载息余阴。
临床重问斯人疾,公谊私恩海样深。

（二）
亲心日夜逐天涯,劫后故园望眼赊。
函电交驰无别语,只言病好早还家。

（三）
知我病深每过从,问医调药敛欢容。
此身早是剥余茧,又吐新丝一万重。

（四）
多谢友生念我频,驰书临褥倍相亲。
身经九死一生后,敝帚从知要自珍。

魔 影[2]

魔影幢幢鬼一车,一家歌舞百家墟。

---

[1] 作于1947年。
[2] 原载《大公晚报》1947年12月17日,第2版。

月薪辗转四千倍,物价扶摇十万余。
处处啼痕悲骨肉,依依臭腐长虫蛆。
江山留得豪门在,多少万人狗不如!

赠李新同志[1]

北来追骥尾,一载聆琴音。
风月垂清宇,诗文展素心。
举杯嫌日浅,阅世感知深。
春夏乘佳兴,桨声过柳荫。

赠研究生[2]

大江东下复京师,几辈相从焕英姿。
绛帐何曾施化雨,名园两度阅春时。
辛勤助我编新史,颖悟过人有锐知。
学海汪洋终可济,读书实践复深思。

游八达岭[3]

青春结伴过居庸,脚底蜿蜒万里城。

---

[1] 1959年至1961年在北京参加《中国新民主主义革命时期通史》主编工作时所作。
[2] 作于1959年至1961年间。
[3] 作于1960年。

北去关山锁内外,南望途辙辟纵横。
放怀天地神州赤,到眼风光大漠青。
不信古来征战地,只今一片铁锤声。

泛舟西湖[1]

一湖春水似絮柔,不晴不雨泛轻舟。
迎人花草皆生意,买酒今宵邀月游。

扬州之行四首[2]

渡江至六圩

一舟横渡去如飞,三十分钟到六圩。
回看江河相接地,当年南北作门扉。

在扬州师院作历史人物评价问题

多少人才踞上游,居然褒贬仿春秋。
英雄无尽时无尽,入海长江日夜流。

瘦西湖泛舟

曲水重重第几桥,暖风拂柳绿千条。

---

[1] 作于1959年至1961年间。
[2] 原载《文汇报》1962年6月16日。

游人莫道西湖瘦,素绢丹青分外娇。

湖上品茗

绿满枝头影满墙,品茗湖上齿余香。
诗人争道扬州月,我爱扬州夏日长。

鹊踏枝·中秋之夜寄李新同志[1]

去年佳节京都住。宾馆月华,款款花前步。嚣嚣惧将天下误。反修曾把文章著。

今宵车发又离沪。轮转声声,清辉随我渡。平旦应登津浦路。日高却向淮南去。

悼鸿逵[2]

顽强从不计艰辛,竟使恶癌误此身。
撒手小楼成永诀,骨灰一盒作新坟。

梁燕离巢初学飞,归来重雾失喧闹。
声声只唤妈何在,化作啼鹃泪满衣。
海滨风雨久相依,垂老那堪失伴飞。

---

[1] 作于1965年中秋。
[2] 作于1969年4月。

夜静悄听梯步响,犹疑抱卷迟迟归。

鹧鸪天·1969年去沪郊夏收

又到郊村助夏收。麦黄菜绿稻秧稠。儿童犹稔年前事,钻入人丛唤老牛。

挖思想,究根由。机前脱粒汗珠流,书生换骨纵非易,不向人间作赘疣。

渔家傲·国庆二十周年

十七年风云雨露。更三年电闪雷鼓。尽扫尘埃排毒雾。看华宇。最新图画画难足。

天起昆仑作砥柱。江南塞北万流注。思想领先扬我武。呵纸虎。雷池不许过一步。

偶　　书[1]

岂可等闲话脱胎,要从心底起风雷。
千回苦斗期歼敌,换取源头活水来。

---

[1]　作于1969年。

送辛儿赴江西插队[1]

长风扫垢史无前,革己革人两着鞭。
家庭原自私产起,也经洪流濯罪愆。
大妮入厂先食力,脱尽铅华体更妍。
大儿插队长江北,渐知稼穑挑一肩。
二妮下乡不计远,斗天斗地在延边。
今日次儿又南去,一怀春雨指临川。
且喜梁燕纷展翅,东西南北景万千。
唯有幼儿年十四,积习未除受爱怜。
纵老舔犊非我愿,会教随兄舞翩跹。
君不见九百六十万平方公里地,
人民七亿共蝉娟。

闽夏纪行杂诗[2]

参观厦大鲁迅纪念馆

风狂雨骤赋南征,小驻厦门察去程。
心事浩茫连广宇,[3]挥毫夜夜作潮声。

---

[1] 作于1970年春。
[2] 作于1974年。
[3] "心事浩茫连广宇"为鲁迅句。

参观泉州李贽故居

世代沧桑溯故居,先生自有不焚书[1]。

说长道短寻常事,第一功勋是反儒。

登鼓浪屿日光岩

日光岩欲接苍穹,海市岛群一望中。

练胆至今遗石在[2],郑王毕竟是英雄。

谒林祥谦墓

万丈涛头卷大江,国门悬目看渠亡[3]。

神州解放首丘日[4],战骨埋来土亦香。

游鼓山

宋明石刻意斑斓,古刹犹存万绿间。

峰顶未窥如鼓石,此行恰到半山还。

[1] 李贽的诗文集为《焚书》《续焚书》,一再遭到明朝政府的禁毁,现在福建注释了这两部书。
[2] 日光岩传为郑成功练兵指挥处,岩下有郑成功纪念馆,馆中存"练胆"两字刻石。
[3] 意思是说把眼睛悬挂在祖国的城门上看着北洋军阀和帝国主义的灭亡。
[4] 人死后归葬故乡曰"归正首丘"。林祥谦烈士1923年在武汉牺牲,解放后才归葬福州市郊。

登罗星塔

九十年来战浪淘,临江一塔只今豪。
凭栏宁惧风吹去,更喜群山挟怒涛。

游西湖

又是西湖入眼来,水光掩映几亭台。
榕桦窈窕重新绿,尽是将军砍后栽。

厦门所见

万木千岩竞化工,海岛无处不葱葱。
道边最喜凤凰树,九月花开火样红。

南普陀所见

门掩南陀难进身,岩头佛字亦成神。
两三妇女深深拜,双币占来问吉凶。

悼念周总理[1]

四海穷千变,一身赴万难。
何当疑惧日,竟尔失崇山。

---

[1] 作于1976年1月。

沪粤车上口占[1]

叶叶万殊物岂齐,人谋天择莫相违。
廿年兴废凭谁说,实践一论定是非。

一九八〇年春节有感

兴来尽日屡探梅,踏遍碧萝脚未衰[2]。
薄海同心奔四化,中华往事溯千回。

已谙世味应忘我,却念国殇总惜才。
且看来朝春四海,青松翠柏满园栽。

游 西 樵 山[3]

危石飞泉景最殊,西樵山上望眸舒。
欲寻南海读书处,昔日声光已杳无。

---

[1] 作于1978年11月。
[2] 长风公园为碧萝湖公园旧址。
[3] 作于1980年12月。

还湘杂咏[1]

车到长沙

去时烽火湮万家,来日昭苏睹物华。

却道长沙应识我,休嗔我不识长沙!

登岳麓山

楚天寥廓一江流,岳麓山偎橘子洲。

历劫犹留黄蔡冢[2],斩除君统自千秋。

应湘潭大学邀,讲近史问题

新开黉宇楚之南,暮夜铉歌出众山[3]。

著史欲追司马两,真知端向实践探。

双峰乡居五日

三十六年此日还,心情未老鬓双斑。

家家有酒迎归客,话到辛酸语转删。

---

[1] 作于1980年12月。
[2] 黄兴、蔡锷墓仍完好。
[3] 湘潭大学建于山丘,到此已华灯初上。

又 一 首

四山大树尽飘零,万叠新株峰又青。

原上几回寻旧迹,故乡泥土总芳馨。

到 邵 阳

资水奔流出万岑,悠悠已鉴百年心。

识时首倡师夷议,到此谁不念默深[1]。

访 金 田 水 库[2]

霖雨苍生愿岂虚,洪杨当日起宏图。

炭工千百崎岖路,泉石而今汇广渠。

无 题 二 首[3]

(一)

君赋悼,我鼓盆,十年相距各招魂。

相逢莫问悲欢事,会向昆仑叩九阍。

---

[1] 魏源字默深,邵阳人。
[2] 作于1981年3月17日。金田水库在紫荆山口。
[3] 作于1981年。

（二）

是是非非总折磨，为人为己两蹉跎。
年来一事差堪慰，刊后文章转载多。

重访修文中学志感[1]

一车迤上古龙岗，斑驳额书石已亡[2]。
四面云山仍旧貌，几行课舍尽新装。
犹疑鬓影来窗下，忽听歌声出道傍。
休忆年华伤逝水，眼前风物细评量。

黄果树观瀑布[3]

头上瀑飞山欲颓，落倾潭底响惊雷。
风吹水沫腾空起，似雾似烟又似灰。

瓜洲口占[4]

春满乾坤古渡新，淮扬风物正宜人。

---

[1] 作于1982年8月。修文中学设于龙岗书院旧址，1943年作者曾长此校。
[2] 原有古龙岗书院题额。
[3] 作于1982年8月。
[4] 作于1983年3月18日。

闸开缓缓迎船队,两岸不闻邪许声。

参观南海康有为故居题诗[1]

一百二十五周年[2],我来南海拜先贤。
艰难留得故居在,昔日声光又灿然。

访问黎里柳亚子故居[3]

南社诗人宅,吴江革命军。
书生期报国,民主旧还新。

游乾陵(高宗与武则天墓)[4]

乾陵风月自年年,一代女皇耀简编。
已与君违还合冢,相逢地下可团圆?

成山头观海[5]

成山头接荣成湾,此日海天得往还。

---

[1] 作于1983年9月。
[2] 指康有为诞辰125周年。
[3] 作于1983年10月。
[4] 作于1983年11月21日。
[5] 作于1984年9月。

任他浪卷千堆雪,我自临风看碧澜。

游天子山[1]

史坛岁岁集群才,酌古论今第几回。
虽有痴情填学海,此行却为看山去。

除夕咏雪[2]

窗外雪花送兔年,电台百戏正争妍。
老来不爱春之舞,坐对荧屏夜不眠。

皖行咏史

  1988年10月,赴合肥参加"李鸿章与近代中国经济"的学术研讨会,参观了李鸿章享堂,享堂为钢铁厂占用,几难辨识。并瞻仰了包拯祠、墓,包河萦回,树木森森,景象肃穆。会后为攀登天柱山,过三祖寺,寺以禅宗三祖(僧璨)得名。继至安庆师院讲"近代中国的启蒙运动",得睹徐锡麟纪念碑、陈独秀墓、严凤英塑像。所至不无感触,遂成组诗。

---

[1] 作于1987年8月,题目为编者所加。
[2] 作于1987年除夕夜。

包拯祠、墓

包祠包墓相依偎,河水清清护祭台。
来者若为官倒爷,包公喝令跪下来!

李鸿章享堂

死后儿孙立享堂,享堂斑驳记沧桑。
为功为罪多崎龁,但有识时策富强。

三祖寺

袈裟一袭播禅宗,三祖灯传此寺中。
世间宁有虚无境,云山苍苍天柱峰。

徐锡麟纪念碑

五步之间响炮弹,欲凭只手挽狂澜。
碑前伫立秋光好,放眼犹思易水寒。

陈独秀墓

神州莽莽挟风雷,万里河山费剪裁。
创世终输霹雳手,一棺长盖赋归来。

严凤英塑像

江淮村女唱天仙,唱彻人间孽与缘。
名艺翻难逃浩劫,又添离恨谱新传。

六月十五日傍晚由沪飞京，兼东李、孙、彭同志

飞穿雨雾入青暝，天上霞光放晚晴。
此去文章原有债，未来史简岂无凭。
风驰仿佛闻帝语，云幻依稀恋友情。
浮想如潮人似水，华灯百万已京城。

书信

致成晓军二通

（一）

成晓军同志：

收到十七日来信，备悉你最近的科研成果，为之欣然。

承你推荐为《贵州社会科学》写文章，我因手边积压的稿件很多，欠人债也不少，精力日衰，动作又慢，短期内很难开新户头写文章，只能待之他日。谢谢你的美意。

我不知道你有没有《传教士与近代中国》一书，如果没有，我可寄你一本。即此祝

近祉

陈旭麓

1983 年 10 月 27 日

（二）

晓军同志：

十二月来信收到了。

你托徐泰来同志带来的白沙液两瓶，早经饮尝，家乡的酒当然远浓于家乡的水。谢谢你的盛意。

《禹之谟》已决定采用，今年总会付排的。只是稿积出

得慢罢了。此复,并祝

新年好

陈旭麓

1984 年 1 月 7 日

致邓代蓉四通

（一）

代蓉同志：

七七的信收到已多日了，寄来的书也收到了，还没有来得及写信谢谢你，你的工作很忙，我把买书的啰嗦事也托给你，不无歉意。

歉意归歉意，还是要麻烦你。我看了岳麓书社的新书目，其中我要买的有：《新华春梦记》上下册、《白石老人自述》、《曾国藩全集(诗文)》和《奏稿（一）》精装、《我所认识的沈从文》、《临城劫车案纪事》、《邵阳永和金号血案记》、《东陵盗宝》、《阮玲玉之死》、《张学良往事和近事》、《近代史学家选注》等。蒋廷黻《中国近代史》，请再买十本，因许多人向我讨这本书。书款随信寄上。

姜义华同志所议丛书事，日前在一个会上碰到他，匆忙中未谈及此事，我准备写信敦促。

天子山的会我决定去，已函复徐泰来同志，盼望你也去，我想林老师一定会去。即候

暑祺

陈旭麓

1987年7月19日

（二）

代蓉同志：

汇寄"词典"预支的活动费一千元收到了，并已转交黄逸平同志等备用。

词目尚在收集中，一俟大致收集就绪，即要他们召开一次编委会，讨论编写要求和分工。唯近十多天因谢天佑同志病逝，好些人为之奔走不无耽搁。当催他们加紧进行。请你写信给他们加强其责任感。

《从西方到东方》，就其内容来说，除了去年为中西文化所作的拟题外，另外想不出别的东西来。但可换其他角度考虑：一、分传教士、外交官、税务司、大班等类型编纂；二、就人物如李提摩太、赫德、斯坦因、司徒雷登等来华经过及其事迹编纂（选二三十个代表性人物）；三、就历史进程写，如鸦片战争前后的外国人，洋务运动与洋人，太平天国与外国人，戊戌维新运动与西学，二十世纪初在华的外国人士，等等。信手写来，未经细想，仅供参考。祝健康。

陈旭麓
1988 年 5 月 8 日

你要的《五四以来政派及其思想》，前天已寄出。

（三）

代蓉同志：

　　七月酷暑，八月去北京开一次会因室内空调和室外温差引起长期感冒，近日才好，所以许久没有给你复信，实在抱歉。

　　出版业面临的巨大变化，史学一片危机声，拟题出书，感到茫然，按常规设想都有些不合时宜了。大概是七月下旬，我写了点意见复你，其中说到不少人想从各个角度写"文革"，又以其作者难找和犯忌而撕掉了。

　　"社会史词典"，对搜集和选择词目原来估计不足，日前了解，至今才大致就绪。详情当由黄丽镛同志函告。

　　另有一件事，即两三年前同你社联系过的——钱实甫先生遗著《北洋政府职官年表》，允其整理后给予出版机会，现已整理好，是一本研究民国史有用的工具书。但碰上当前出版业的困难，大都要有万本订户才肯出版，此书要达到这个定额不容易，不知贵社能否仍给以照顾，让钱先生此书继《清代职官年表》得到出版。如优予考虑，则将整理稿寄上。专此函恳，盼复。致
敬礼

陈旭麓
1988年8月25日

(四)

代蓉同志：

约一个月前写过一信给你，不知收到吗？

关于钱实甫先生的遗著——《北洋职官表》，在当前商品价值对文化事业的强烈冲击下，出版如有难处，函知，我便据以转告钱夫人。

这月二十日左右，《文汇报》发表的《元帅死在建军节之前》，大家都叫好。年来报刊上发表的这类政情(斗争)内幕的文章已不少，很受欢迎。我想，如果选出三四十篇，编一本书，标一个好书名，是会有销路的。不知你以为可行否？敬候

时祉

陈旭麓

1988 年 9 月 29 日

致丁凤麟六通

（一）

凤麟同志：

　　来信和样稿都看了。文章很清楚，没有什么要改的意见，只添了一个漏掉的字。原稿奉还。

　　在买好车票准备去广州时，适有一个日本代表团来沪访问，其中的小野信尔教授要找我交谈。异国友谊，未便慢待，所以中止广州之行，与小野晤谈了两次。此复，祝好！

　　　　　　　　　　　　　　　　　　　　旭麓

　　　　　　　　　　　　　　　　1979 年 11 月 30 日

（二）

丁凤麟同志：

　　我的研究生熊月之同志想订一份《报刊文摘》，如果可能，请你惠赐订户单一张，寄上海新闸路 271 弄 2 号。

　　长沙的辛亥研究会明天结束，我就道要去湘潭大学、双峰老家和邵阳转一圈。估计十二月十日左右回上海，回来后给你谈谈观感。即此祝好。

　　　　　　　　　　　　　　　　　　　　陈旭麓

　　　　　　　　　　　　　　　　1980 年 11 月 30 日

（三）

凤麟同志：

　　承告香港《争鸣》杂志转载《孙中山与鲁迅》拙作，即赋此诗奉答。诗云："是是非非总折磨，为人为己两蹉跎。年来一事差堪慰，刊后文章转载多。"

　　丁贤俊的文章我看了，全文难于发表，最后一部分还有点意思，考虑好后，请你给他答复。祝好！

陈旭麓
1981年11月4日晚

（四）

凤麟同志：

　　前几天，那个青年送文章给你时，我本来要你改一下，拨了两次电话都未能拨通，颇为失望。

　　《说"海派"》，有些涉及京派守旧的话，怕北京朋友听了不高兴，改讲临时触动的"两点想法"，就把"海派"文冷下来了，当在春节前后赶出来（近日先后写序言两篇），请转告金维新同志，这回不当黄牛。够呛，"海派"未写出，又欠上了"一与多"的债。朱维铮同志来信说对"一与多"很有兴趣。这些年来，想的题目很多，写出来的却很少，力不从

心啊！即候

日祉

陈旭麓

1986年1月23日

（五）

凤麟同志：

二十六日信悉。所谈的几件事，我大体循你提供的意见进行，现在揽上的事太多，虽挂名，也有日不暇即之势，主攻方向总是主不起来，今年须下狠心，否则已无能为了。

"海派"文中引鲁迅语有"没海者近商"句，"没"字不可解，查鲁全集确如此。近看《新论》陈青生文作"说海者近商"，"没"字显系"说"之误，请在我的稿上改作"说海者近商"。

为《现代史词典》事，约于下月三日与杨观林同志同去北京，商讨编纂计划。估计去十天，回沪后盼你来谈。同儿事请量力进行。即候

时祉

陈旭麓

1986年2月28日

（六）

凤麟同志：

我是一日夜里回到上海的。这次的会，倒是使我增长了一点军史知识。

我看了你二十九夜的信，"欲筹海防，宜以全力专顾台湾"，虽非我原引丁氏的话，但只有三字之差，意思完全一样，免得再翻书，现已改用你抄来的话，给我解决了一个麻烦。谢谢。

在北京碰到《历史研究》的几位同志，他们一致要为熊月之的书发一篇书评，我说你打算写，他们很欢迎你写，可写三四千字，提点讨论的问题。尽可能快一点。即候

时祉

陈旭麓

1986年12月4日

致丁守和四通

（一）

守和同志：

上月你来上海，恰好我去两广，未获畅叙，深为怅惘。

《杭州白话报》介绍稿作者费成康，去外地搜集论文资料去了，等他回校后要他作些补充。其他《醒狮》等刊介绍稿，有待安排好后奉告。

上次来信说，黄逸平所撰《鸦片战争前夕的经济状态》一稿已转《经济研究》，作者曾与该刊联系，回信说并未收到此稿，不知何故。务请方约、郑厚安同志查一下，以免遗误。

想写一篇有关辛亥革命的文章，终归营营扰扰，迄未动手，奈何！京中史界有何新筹，盼示一二。专此，即致敬礼

陈旭麓

1981 年 4 月 1 日

（二）

守和同志：

上周拆开信封，读到的是您给沈渭滨的信，昨天从沈渭滨那里互换后，才读了您于四月二十一日给我的信，拜悉大驾莅沪已推迟。

月前熊月之前来北京，想已见到您了，辛亥期刊几篇介

绍的情况想已面陈。《苏州白话报》本身的内容较少,作者现正在尽可能作些补充;《励学译编》介绍因作者曾去外地,现正在赶写。不久,均可寄奉。

上海历史研究所周永祥同志写了《瞿秋白年谱》稿,我曾经看过。此稿闻送给中国社会科学出版社后已请您审阅。据周永祥说,《年谱》内容不少被人剽窃发表,他除已向有关方面声明外,希望得到您的支持,在百忙中尽快给予审阅,使其不至白费心血。现将周永祥原信奉上,务恳您鼎力帮忙,扶植作者的正当利益,打击那些剽窃犯。

我近来在为辞书出版社组稿的《中国近代史词典》完稿(约一百五十万字),想在六月底卸掉这个包袱。

听说史学理事会、历史大辞典于本月初都要假华东师大开会,届时冠盖云集,颇想避往"灯火阑珊处"。即颂
撰安

陈旭麓
1981年5月1日

(三)

守和同志:

七月十二日手教和《辛亥期刊介绍》第三辑目录,均收到。谢谢您的关切。

所说介绍稿多侧重政治思想,我看到的稿子也有这个

感觉,你及时指出很必要。我看应根据杂志本身的内容来反映较好,其实有些杂志反映的面还是较广的,或者是颇富专业性的,千万不要写成一个样子,"舆论一律"。《励学译编》的作者,因前个时候在外地搜集论文材料没有执笔,现要他补写。三集中的期刊,能写哪些,等研究生暑假回校后商定再告。

大连的会我已请假不去了。二十五日在太原开的"地方史志研究会",因我曾为写上海史呐喊了一阵,他们约我去,我打算去,乘机一览五台山的风光。即此布臆,并致敬礼

陈旭麓拜

1981 年 7 月 19 日

(四)

守和同志:

大教奉悉。

上月在京,匆匆八天,未能与你联系上,深感怅惘。

为了迎接五四运动的七十大庆,你院的有关研究所将联合举行纪念,成立学会,筹编《现代文化丛书》。在新时期里评述"五四"精神,是有重要意义的。尽管现在的学会多而滥,建立"五四"研究会却很有必要。得讯后,为之欣然。

至于我能写点什么,颇为踌躇。因为我迄今还在被动

应付中,不能集中精力搞一个东西,加上年岁迟暮,常不敢贸然承担任务。唯我已在指导一个新近毕业的研究生杨国强(今年《历史研究》第一期《简论曾国藩》的作者)撰写《论近代新儒学》,重点放在"五四"时及以后,在阅读资料、酝酿提纲中。是否有当,仅供参考。专此函复。敬候
恭祺

陈旭麓

1988 年 9 月 12 日

致顾长声一通

长声同志：

　　为了最近又要搞职称的事，上周我向（上海）人民出版社打交道，对尊著《传教士与近代中国》[1]如不能全部印出，请其装订几个样本，以应急需。今天出版社同志告诉我，书已出来，但交到出版社的还只有一本样本，下周可以送样本给我。这太好了，是不高兴的高兴。不知你已知道这一情况否？特此飞函告知。即致
敬礼

陈旭麓

1981 年 9 月 13 日

[1] 信中提到的《传教士与近代中国》一书为顾长声先生的首部著作，陈旭麓先生为其数易其稿，作了重要修改，其书名也是陈旭麓先生改定的。

至蒋照义一通

照义同志：

八日来信奉悉。

那天老华、小郑、小赵、小丽等来寓，大家互谈了工作和学习近况，为时虽不长，聊慰谒思。知道你在开会，所以未来。

一年多来，我很少出去，只在八月间去了一趟贵阳，开军阀史研究会，就道在长沙逗留了几天。社联和史学会的会我也很少参加，还是抓紧有限的岁月，读点书，写点东西好！十一月间有多处学术讨论会约我去，我可能去一个地方，但也要到时才能定下来。

周抗同志处，我亦久未去，徒以乏善可陈，相见亦无从谈起也。不过在年底或春节期间，我想去拜访他。请你转告，我常在思念他。

我现在搬到师大二邨22号，比原来的住房稍为宽敞了。过一段日子，我想约大家来叙叙，如果能碰上王树人同志返沪的时候更好。

岁月如流，尽自己的心，做应做和可能做的事。前几天看到报上有人写了两句话："以出世精神，做入世事业。"我觉得颇可玩味。悠悠众口，让他去吧！书不尽意，即候

时绥

陈旭麓
1982年10月11日

致刘大年二通（附三通）

（一）

大年同志：

　　日前接到您签发函件，邀于八月间参加纪念孙中山论文评选，届时当遵命来京，借聆教益。

　　博士生事，承您关注，十分铭感。我校已具专函送国务院学科评审委员会，政治方面，校党委也写了书面意见。在讨论时，如涉及"写作组"问题，务请以党委的意见为凭。因此事拖延已久，难免多种腾说，其中不无个人的感情因素。专此布臆，诸希洞鉴。敬颂
著祺

陈旭麓拜
1986 年 4 月 17 日

（二）

大年同志：

　　您好！

　　本月间接到戴逸同志的信，并在杭州章太炎学术讨论会上碰到章开沅同志，得悉国务院学位委员会历史学评审组这次对博士生点审议的情况，我的申请虽因遭到异议而被否决，但您的秉公执言，已深深拜领。

唯对这次评审仍有不能已于言者,上海史学界申请博士生点的人不少,胜任者尚有人在,结果只有一花独放,也并非花中之魁。他人且不说,复旦大学的姜义华同志,在中年一辈中学问上的造诣算得上一个,他的《章太炎思想研究》比近年出版的其他近代人物论著,不仅难度大,也要高出一筹。他的博士生点在国家教委会评审组中通过了,在国务院学科评审组中却又被否定了。衡量标准,不免令人困惑。谨此布臆,敬希垂察。致
敬礼

陈旭麓拜
1986 年 6 月 28 日

附:刘大年、戴逸信件三通

大年同志:

您好。

陈旭麓同志复议之事,经往返函商写了一封信,建议进行复议,由张、章、魏、戴四人署名。信是写给您和吴泽同志的,希望转交国务院学位办公室。

这一复议的程序是否妥善,请考虑。

专此即肃

撰祺

戴逸

1986年4月6日

国务院学位委员会办公室负责同志：

送上张岂之等四位评议组成员函二件，请分发历史学科组各同志，准备在第三次评议组会上讨论。谢谢。

敬谨

刘大年

1986年4月11日

吴泽同志：

近好。

转去张岂之等四同志复印函二件，请阅察。原信已就近递送国务院学位委员会办公室负责同志，请办公室分发历史学科组成员，在下一次评议会上讨论。未悉尊见，我们会面时再商，如何？

敬谨

刘大年

1986年4月11日

致刘世龙二通

（一）

世龙：

好容易盼到了你的信。

在出版社搞一段时间也好，积累一点编辑经验，对于研究工作不无益处。但我是希望你回到研究工作上来的。前天熊月之来谈，也是这样想。

关于招考博士研究生，系和校打算上报，能否批准，未可知。如获批准，你能来，我太高兴了。

寄来《近代史思辨录》四本，请你酌赠。本应多寄两本，奈书不敷分配。专此，并向你和你爱人祝
春禧

陈旭麓
1985年2月9日

（二）

世龙：

六月你给我的信，我忙于师大、复旦、上海师大三校七个研究生的论文答辩，没写回信。

前天，接到重庆市政协纪念邹容筹备组通知，邀我参加七月中旬的邹容纪念会。今上午回了政协的信，除谢谢他们的盛情外，以时当酷暑，重庆又是个有名的火炉，颇惮于

此行,只有心向往之了。

　　此信发出后,还想给你写封信,恰好收到你七月四日的信,信中为我去重庆作了极为周到的安排。我为之心动,但还是有些踌躇。虽说近十日重庆的温度适宜,不至太热。但面临酷暑季节,今天上海已 35 度,重庆的温度一上升就会是 37 度以上,太可畏了。还是等待有以后的机会来看你们吧!并请你代向杨光彦同志及其他同志致谢意。

　　邹容短促的一生,有两个城市同他的关系最密切,一是生地重庆,二是死所上海。三十年来,我为邹容作过三次传述,一是一九五六年,二是一九七四年,三是一九八五年(祖国丛书)。如果近日挤得出时间来,我想写篇短文发表,为重庆的纪念会配音。

　　信就写到这里,下次续谈。即祝

编祉　　并候

世祥同志与你爱人好!

陈旭麓

1985 年 7 月 7 日

致马洪林二通

(一)[1]

洪林同志:

康有为传稿断续地阅读,昨天才完事。请你来一趟,我们谈谈。祝

时祺

陈旭麓

1987年4月13日

(二)

洪林同志:

你去绩溪开会,此刻想已回来了。这个会,我原已答应路遥同志一定去,不料被讨论革命史稿拖住,未能如愿。

《梁启超》拟目,甚好。如果作为学术著作则单薄了些。

十一月青岛的会不能再爽约不去。但是十月间去南京开民国史讨论会,回来又要开"中山学社"成立会,赶会太多,什么事也做不成了。《康有为》你如有复本,请给我

---

[1] 马洪林附注:"先生为人作序,必先通读全稿而后命笔。1987年春节刚过,先生即审读我撰写的《康有为大传》书稿54万字。在动手为该书作序前,写信请我前去商谈,充分体现了先生待人学术平等的精神。"

一本,因我手中早无此书了。国庆到了,祝你与傅同学康乐。

陈旭麓

1987年9月29日

致潘振平、茅海建二十二通

（一）

振平、海建同志：

你们的来信都收到了。你们走后，我老觉得少了些什么，又说不出来。大概是两年中过从甚密的影子。

大约八日，接到陈汉孝同志的信，说要振平一抵北京先去看他，可惜信晚了些，没有向你这样说。看来有争相延纳的情况。现在落脚点已定，振平可到陈汉孝同志处谈谈，但要注意其间的关系。

海建上下班和在车子上花的时间实在太多了，只能苦战两年再说。"民国军制"有点眉目了吗？碰到奚原同志时务必说一说，让他心里踏实些。

你们去后的十多天，我以全力在扫除案上的积稿。但被复旦拉去四天讨论文化史的问题。这次讨论倒是有益的，除搞历史的人外，有搞美术的、宗教的、哲学的、文学的、戏剧的、科技的以至搞服装史的人参加，大都务实，涉及的内容既具体而广泛。对文化史这个广阔的天地似乎看到了厓岸，对我考虑社会变迁也有帮助。

关于文章，左步青同志听来的可能都是好话。其实有人正在"上纲"，说我要以学习外国作为中国近代史的标志，同阶级斗争的唯物史观对立起来，那就是反马克思主义的了。看来还是少写好。

振平的爱人我只记得姓尚,忘记名字了,住址我也不知道,我想以后给你们写信都投寄你们的住处好。余续叙。祝健快!

陈旭麓

1982 年 12 月 20 日

(二)

振平同志:

一月二十七日来信已悉。

日前对北京寄出了二十本《近代史词典》,你处除你应得的一本外,陈汉孝、林言椒两位各送了一本,该都收到了吧!

"词典"稿费,据熊月之、费成康说他们所写词目的字数得酬也只有一半,不知是删并的原因还是别的计算法,待向出版社查问。现将"稿酬支付凭单"寄给你,你签个名,寄还"陕西北路辞书出版社",以清手续。

一月间,广东又把"论文集"全稿寄回,因有些技术工作没有处理好,他们也嫌字数过多(三十六七万字),所以再整理了一遍,近日才在着手写序言。另外,别人请阅改的稿子仍然接二连三,拒之不能,剪之不断,真是无办法。熊月之写的卅万字的《中国近代民主思想发展史》稿送来了,打算在春节前后给他看一遍,如质量尚好,经修改,或者将向你社推荐,暂时不忙说。

上次左步青、阮方纪两位同志来上海，由《历史研究》和复旦大学历史系出面，邀集上海近代史及近代经济史同志开了一次座谈会，商谈如何讨论资产阶级在近代史上的作用和地位问题，三月间在北京也要开这样一次座谈会，然后八月到上海开一次规模较大的讨论会。这是对近代史体系存在分歧的讨论。左回京后，尚无来信，不知有无变化。这件事情，由于《革命与改良》一文，他们已把我推向论战的前缘，看来很难回避。我也不想回避，只要不违背马克思主义，无悖于"四个坚持"，近代史为什么要固定在一个框架里，不可以用别的方式方法写呢？在尚未公开讨论之前，你暂不必向别人说。但请注意新近发表的近史论文。

　　茅海建夫妇尚未来过，想必还未到上海。春节就要到了。

　　祝
节日愉快

陈旭麓
1983年2月2日

（三）

海建同志：

　　你五月二十日的信，我昨天从长沙回来才看到。没有想到四月离北京的那天你还是从西山赶至宾馆扑了空。

我这次在长沙待了十八天，开始是参加中国社会科学院召开的史学规划会，其实规划早定，只是客气地征求大家的意见，也算是一种优待，自然得应邀前往。这个会开完，接着就是湖南方面召开《魏源全集》编辑会，并筹设"魏源研究会"，要我参加讨论，只得遵命。这都是突然袭击，原来没有想到的会。前此计议五月在北京开现代史丛书编委会，因李新同志忙于其他活动，可能延至七月举行，地址尚未定。今年本来想少参加会，不料从三月到六月一直被会纠缠，而且一直排到了十一月，有的月份有两三个会，不能全去，也不能不去一些。这些会对我有限的生命来说，是一个沉重的负担，但不能毅然置之，与外界隔绝，何况好些邀请大都出于同志们朋友们的好意。所以赴会与不赴会常在矛盾中抉择。

师大，五月即进驻了调查组，主要是在调查的基础上搭党委书记、副书记和校长、副校长两个班子，规定在暑假前搭好，但两个一把手都难产，议论纷纭。看来谁来接班，让班者有更大的发言权。

今年教育部有指示，不受职称限制，有条件者可申请带博士研究生，校内外朋友多人劝我申请，我以刁难者在，还是不轻发为好。

张一文、毛振发同志愿为丛书写《护国战争》，甚欢迎。请代向两位致意。

我的身体如常，早晨仍到公园做气功和散步，虽常多意外干扰,但已能泰然处之。请释念。你和小宋因住房问题未能合理解决,致使生活和工作受到影响,深为惦念,振平处不另写信了,并此问好!

陈旭麓
1983年6月6日

(四)

海建同志:

七月一日的信收到好些日子了,获悉你和小宋的工作和生活的近况。

你为百科现代军史条目看稿子,提意见,看得久,提得多,你会发现许多共同性问题,撰稿中的错误往往来自许多参考书上,现代史在这方面最为显著。"民国军制"一条你写了吗?上海《文史资料选辑》1982年第三辑总四十辑,有《国民党制度述略》一篇,总四十二辑续。你看了吗?可参考。

毛振发同志的信和《护国战争》提纲,我都看了。就这样写,战史要连同指挥者和兵卒的思想情节写,否则打来打去,一堆地名,太枯燥,读者不爱看。文字力求踏实和生动。

振平的工作较能发挥自己的作用,做过几年,可以看到成绩,只是不能有时间做专题研究。八月上海资产阶级讨论会他要来,很快可见面,不另给他信了。

你最关心的"新陈代谢",已讲到 1905 年,下学期才可讲完,就记录稿整理。《历史研究》8 月号为讨论资产阶级整理的一篇评论虽打出了"新陈代谢说"说了一段,也是在逼上梁山。你的文章一再被挤,老左来信说及,甚气愤,也是文坛一瞥。

我最近看了两部书百万余字的清样,一是自己套的绞索《近代中国八十年》,一是别人硬套的最完备的《蔡松坡集》。案上的稿子仍是一大堆。不赘。即此祝好。

旭麓

1983 年 7 月 22 日

(五)

振平、海建同志:

振平两次来信都已收到。《故宫博物院院刊》三期想必是你寄来的。

上月去广东,会是分段进行的,在广州开戊戌讨论会,在新会开梁启超纪念会,在南海开康有为纪念会,主持者要我在康的纪念会上讲话,讲话稿以文章的形式发表于《南方日报》(10 月 3 日)。这次的会广东和新会、南海花了 6 万元,是从"统一祖国"的政治设想的,意义在于海外。

昨天贵州社会科学院汇来 80 元,大概是去年在贵阳的西南军阀讨论会上的讲话稿发表了。这个稿子是你整理的，特寄来40元，你可给你的小女儿买点东西。

师大的新党委、校长班子，八月底即已内定送市委，但至今未批下，因下面有不少反映，扯皮。其实皮尽管扯，格局也就如此了。我对这些都不闻不问，吹来一点就姑听之罢了。

思想理论战线说东道西的不少，我想任其自然。以洋务、戊戌、辛亥而论，我认为是既否定又吸取的过程，很难说有什么错，如果用来概括整个近代史则失当，但在旧民主革命时期说明发展资本主义的方向又是符合历史进程的。这些是非都让人们说罢。对于我，在今后有限的岁月里，一是把"新陈代谢"写出来，二是手边接下的工作可以继续则尽可能继续下去，舍此更别无妄求了。专此布臆，即候

近祉

陈旭麓
1983年10月20日

我要小刘写一篇"新政对资本主义发展影响"的文章。

（六）

海建、振平同志：

接到海建的信好些日了，因小马来京，我的近况她会告诉你们的，所以没有急于回信。

日前接宋士堂同志信，说到海建去《近代史研究》事，他正在向奚原同志商调，不知进展如何，如成功，则可以少走

许多路。宋信又说,他也欢迎振平去他那里,只是碍于同林言椒同志的关系,不便挖人。《近代史研究》以近史所为依托,资料多,研究近代史有极大的优越性。要是林言椒处说得通,你们同调一处,探讨问题更方便。我将复信宋士堂同志,请他鼎力帮忙。

我这里两部词典的任务尚未了结,而新近请看稿子、嘱写序言的事又接踵而来,有的是关系户难于推托,有的是由好心招来的麻烦。除此之外,还有两项较大任务在纠缠我。一是江苏人民出版社以李新同志主编的"民国史"部头太大,要我承担编撰一部一百五十万字的《民国史》,以第二档案馆的资料全部由我使用为饵。该社总编辑高纪言同志将于十三日来沪专谈此事。二是教育部有同志来访,要我编写1840—1949年近代史高校教材,我虽婉辞了,但教部同志二次来家,最后说何时愿意承担编教材了,请随时通知他们。我想,这两大任务,要是有你俩和熊月之在身边,我都可承担,然而,现在是力不从心。

师大的新班子视事已几个月了,无显著更张。新党委书记找过许多人谈话,意在掌握情况。我打算找他专谈一次,向上级汇报思想,汇报我的工作状况,也是礼节。

小刘继小马之后,由南京去北京,想月初已到北京,你们该见到了。小马不知还在北京抑已他去?不知他们也看到一点有用的资料否?现在看资料是要靠人缘,碰运气。

小宋没有来过,回京了吗?

祝你们好，尚绍华同志好！

陈旭麓

1984年6月8日

（七）

海建、振平：

　　海建二日发来的信已收到了。

　　从北京回来后，即忙着研究生的论文答辩以及审阅外地寄来的研究生论文和推荐副教授的论著，没有顾得上写信。

　　西安的文史教材规划会，因要服从整党，我已放弃赴会。这个会本该去，由于这里的不正常情况，对正常活动还不能作正常处理，是可以理解的。但已托杭大历史系主任金普森同志转告文科教材负责同志，要我编写近代史教材可以考虑。如何决定，有待进一步联系。

　　吃饭的钱，你们坚持要由你们付，只好听你们的。但我心中不安，因为你们不要说"万元户"，连"百元户"也做不上，不应该负担这样额外的开支。

　　这几天，先后会见了法国巴黎大学中国史教授白吉尔和台湾籍美国大学哲学教授陈鼓应，均是他们指名要见我的，没有方法阻拦，大概已对我开禁。

　　这次在北京，没有来得及看林言椒同志、李侃同志，请振平代致意。奚原同志处改日写信。张一文、毛振发同志

处请海建代谢。即祝

时祉

陈旭麓

1984年12月9日

(八)

海建：

日前寄发一信，想已收到。

"中华民国军制"一条，我近日才仔细读了一遍，从文字到结构都比较严密，我对这个问题没有系统摸过，提不出多少意见。只有两个小点提供你修改时参考：一、中国的近代化军制是从清末新军开始的，民国的军制事实上是从新军演变发展而来，是否有一句概括性的话点出来；二、军阀的武器除国内军工自制的部分外，大都购自外国或外国给予，条目最后一段中说"又如兵器装备，各军阀都由其靠山各国帝国主义供给"，似不够全面、准确。还有这一条要由六千余字浓缩为三千字，颇费力，我想重点放在"编制"上，其他适当点出。

张一文同志寄来的审稿、购书费70元，实在受之有愧。我在你们那里十多天，贡献得太少，享受得太多，远不相称。

这里的整党，强调不整人，强调团结，现进入彻底否定

"文化大革命"阶段,当然也不会是风平浪静的,我一以尽其在我的态度对待之。即候

近祉

陈旭麓

1984 年 12 月 15 日

又及,本届研究生即日分配刘去重庆出版社,马可能留校。

(九)

海建:

前几天,我复了一信给步青同志,说我可以争取于四月十日去成都,同你们一起上九寨沟。但我忘记了新招的研究生是十六日口试,还有陈辛在这个时间内结婚。因此,如再无他事牵扯,我也要到十七八日才能动身去成都。这次开会是在成都军区招待所,我想起了邵主任,可我忘了他的大名。

我写的"会党"一文,除给魏先生编入论文集外,本来答应《历史研究》发表,现已被《学术月刊》拿去,我一直没给《学术月刊》写稿,他们颇有意见。为了缓和关系,只好这样办。

这里的整党,主要是"彻底否定"阶段已经过去,现在搞什么端正业务思想,四月里进入对照检查,五月登记。如此云云。有些事,看来要到整党后才能明朗。即此祝好。

振平均此

陈旭麓
1985年3月30日

（十）

振平：

二十日的信收到好些天了。

前天寄来三本书，塑料面的两本给你和海建的，另一本给丁贤俊。

《海底》，等文章核对后寄还。

原定赴成都的反洋教讨论会，现在看来还是不去的好，因为那时正是整党"对照检查"的阶段，加上在清查往事中，我发现不少与我无关的文章记在我的账上，甚至还有别人制造的东西。负责搞清查的总支副书记又不那么了解情况，人云亦云。我得正视这种状况，一一为之解剖，一次不行，乃至两次三次。请告诉老左和海建，这回不能在成都碰面了。即此
祝好！

陈旭麓
1985年4月12日

(十一)

海建、振平：

　　前天收到海建的信。

　　六月以来，我一直忙于审阅研究生论文和主持答辩，计本校、复旦、上海师大共八名，昨天上午才搞完最后一名。进行了近一年的马拉松式整党，昨天下午也完成了最后一个程序——支部通过各个人的鉴定小结。所以今天得到喘息给你们写封信。

　　写信前，我还办了一件事：我校政教系杨雪芳同志来京查阅民主党派资料，请她带来盛档《汉冶萍公司》第一卷贰本，你两人各一本；又还给振平的《海底》一本。她会送到人民出版社的。《汉冶萍公司》资料印数很少，我的份额二本，再搞到两本，共四本。何泽福拿去一本，自留一本，还有两本不敷分配，给谁是好？还是分给你们两人。好在老左对这种经济史资料不太有兴趣，世龙以后寄别的书。

　　通过整党，历史系的关系有所改善，是好事。但疙瘩太深，一时很难全然冰释。他们想以合编多卷本通史教材的形式，收"大团圆"之果。我因手头任务多，精力有限，未便作出积极响应，可能使倡议者不愉快，但亦无法，因我实在不能再立新户头了。同时"新令尹"与"旧令尹"又产生了不协调，前途仍令人担忧。

　　博士研究生事，四月间说了一阵，我说了点意见。不知已否上报,我没有问题,采取欲张还弛的态度。如果可能,你们获机回到上海,我是高兴的,此事在下半年当可见分晓。

七月至十二月,我已接到十处开讨论会的通知,大概去一两个地方。至于八月来京之说,姜义华同志曾主张我摆脱上海一切干扰,到北京写书,我未否认,大概这话传了出去。

目前,我一边要尽快处理完手里的一部麻烦稿子和搁置下来的两篇书序;一边是切实计划好编写工作。七八月我是这样打算的,在此期间也可能出去一趟。

不久前看到湖南寄来的一份通知,列了一个"金边讲学"的名单,其中有振平;收到本年第一期《近代史研究》,海建的二鸦论文发了,为之欣然。即此候

时祉

小尚、小宋及你们的孩子好。

陈旭麓

1985 年 7 月 1 日

(十二)

振平:

收到你的信和文章好些日子了。因为在看一部现代政治思想史稿子,已经几起几落,未便再搁,狠心把它看完才

来看你的文章,所以迟复了。

　　文章的结构和内容都不错,有不少可取之处。不知《历史研究》看过后有什么意见。由你的文章倒引起我思考了几个问题。一、中国人对世界的认识,是由地理推及其他的,是由地及史及政的。所以《四洲志》《海国图志》《瀛环志略》首先是世界地理志。这是中国人认识世界和自己的第一招,是对天朝自大的第一个突破口。文章触到了这个主题,似乎还可阐发得更清楚些。二、利玛窦等人介绍的世界地理知识当时有过影响,而在鸦片战争时期林则徐等人对世界舆地的探索,完全是从头做起,与利玛窦等人传播的舆地学没有任何联系,这固然由于中断,但作为思想资料林则徐等也没有从中得到启迪。这也是一个令人寻思的问题。三、"开眼看世界",在其开始也是经世的内容,但后来日益为经世学所容纳不了,所以十几种"经世文编"后来洋务、西学的内容多,有的就另称西政丛书了。这些人也不称为经世学派而称为别的什么派了。这反映了中西文化的差距。这些都是题外的话,但你在修改文章时似可注意及之。

　　华东师大的领导班子又面临新的改组,许多事情仍然悬而未决。整人的人看来黔驴技穷,但未必心死。关于博士研究生一事,恐要到冬天有分晓。八月十八至二十四日,冯契同志在庐山开中国哲学史讨论会,二十六至三十一日兰州开洋务讨论会,两个会都约我去,我也答应了。但只能参加一个,参加哪一个尚未定。即此祝

暑祉　　海建均此

陈旭麓

1985 年 11 月 7 日

（十三）

振平同志：

　　我校政教系杨雪芳、许纪霖两位同志为《祖国丛书》撰写了《沈钧儒传略》，基础尚好，文字上再作些修饰，请尽可能纳入明年出书计划，至为感盼。并候

时祉

陈旭麓

1985 年 12 月 5 日

（十四）

振平、海建：

　　十一月初你们来上海后，我去了长沙、湘潭一趟，只是会见友人，收了几本书和土产之类，别无所获，来回花了半个月，并不值得。

　　最近遇到的事情，你们一定知道，也会在悬念。

　　十一月二十七日《光明日报》上的文章，开始有人向我谈起，我没有当一回事，后来这里有些人向我唧唧喳喳，

在传悄悄话,我才找《光明日报》看了文章,感到不像学术探讨,因此写了封信给苏双碧,作了如下表示:

对后党主战、帝党主和的是非,可以各抒己见,我并不认为我的论点需要改变。但是□□□指责的"拳乱民狷",全是他的引申,我的文中既无此话,也无此意,而且明明指出了后党主战和义和团反帝的截然不同。至于所说"两个拳头,一阵呐喊"的话,是就如何赶跑帝国主义而言,并不专指义和团。义和团的爱国反帝应该充分肯定,但也不应讳言那种受客观条件制约所表现的落后斗争形式。□文如此立言,用意何在?

十二月十三日,苏双碧复信,说了你于□文发表的第二天打电话去《光明日报》询问,也谈及李侃、戚其章等同志去《光明日报》社时表示了意见。苏在信中说□文歪曲了我的论点,他主张由振平写个读者来信发表,以正视听。我已去信给苏,同意这样做,"读者来信"你们写或者由你们找别人写都可。

看来□文是摸气候而发。

步青同志对此事早来了信,要我不理睬。我是无须与□君对话的,但以读者来信说说是好的。

前几天,何泽福对申请博士研究生事写了封信给振平,想已收到。听说这回申请带博士研究生者滥,又是儒林中的一场争夺。在此"猪肉涨价,教授低价"(有人在上海统战部开会时说的话)声中,我对带博士研究生的"荣誉"亦为之索然。但如获批准，把你们两人找回来，完成两本书，是我最大的心愿，其他都是过眼云烟了。

请振平代购《近代史思辨录》一本（上海已买不着），寄或带北京沙滩北街 2 号（《红旗》杂志院内）方克同志。方克同志原为《红旗》副主编，现离休。这次在长沙开会认识的，向我索书。专此，候
时祉

陈旭麓
1985 年 12 月 25 日

（十五）

振平：

前天我发了一信给你和海建，比接你的来信。关于《光明日报》的文章，就照你与步青同志的意见，暂时让它去罢，将来写文章时从治史方法上触一触这个问题，也不去指名。

你的文章能在《历史研究》六期刊出已算快了。即候
近祉

陈旭麓
1985 年 12 月 30 日

（十六）

振平：

　　上午给政教系教师讲课，因为"革命史"改制，他们不知怎样着手，要我去讲一讲，我就把我想到的讲了个上午。困了，饭后躺在沙发上打盹，陈同拿来你的信，盹被信赶跑了，给你写信。

　　黎澍同志要你当他的助手，我很高兴。黎以爱才著称，有思想，和我的交谊也好，我不愿也不该泼冷水。但我总有一个愿望，有朝一日你和海建能回到上海来，这种愿望越来越强烈，横蛮的阻力似已在减弱中。

　　天津的会我原想去，因为我没有去过天津，但这几天又有些犹豫了，跑一趟得消耗两个星期，不合算。自三月以来，我每周讲"新陈代谢"一次，自觉比以前完整了，每讲一次都有些新的想法跳出来，由两个较好的研究生记录，暑假开始即以主要精力撰写，如果你与海建、月之、世龙助我一臂之力，明年我一定能把稿子弄出来。这是你们最着急的事。

　　三月接世龙的信，说他上半年要外出组稿，将来上海。此复。候

时祉

陈旭麓
1986 年 4 月 21 日

海建有什么事要说,如非付丙的内容,请写信来。

(十七)

振平:

《鸦片战争实录》收到了,略翻,觉得有点特色。日前给你一信,想已收阅。不知你去黎澍同志那里定下来否,念念。

上周,王玉璞由广州至沪,就便来访,为前几年的"通报"有所解释。并说博士生事刘已专函国务院评委会,函是他送去的。看来刘还是当作一回事的。

《从马礼逊到司徒雷登》的书评动笔了吗？我想尽可能写出来,让顾高兴些。

天津的会我决定不参加了。夏东元、谢俊美到会。

海建、老左不写,即候

时祉

旭麓
1986 年 4 月 28 日

(十八)

海建:

你回北京后的来信收到已很多天了。

这个学期开学后,大学生和研究生回到学校都比较沉默,埋头读书。据说放假时学校给每个家长去了信,他们受到了管教。

为了九十元美钞、二百八十元港币,又说要收回,又说不应收回,陈克跑了许多次还未报销好,一件小事也会这样纠葛。一俟报销好,报关单交还后即寄给你。专复,并候小宋及你们的孩子好。

陈旭麓
1987年3月5日

(十九)

海建同志:

前复一函,想已收阅。

现将出境申报单寄来,请察收。

我近来每周上一次课,在四月底至五月初全课讲完,初稿在今年整理出来,前面几章已由熊月之、郑云山着手整理。

上海很平静,只是沉寂了些。即候

时祉

陈旭麓
1987年3月21日

(二十)

振平、海建同志:

唐克敏同志为撰写有关袁世凯的论文,前来北京查阅资料,请给予帮助,最好为之安排一个住处。

唐现已接受上海人民出版社历史编辑室的工作,回沪后即去报到。论文将在工作岗位上完成,届时回校参加答辩。即候

时祉

陈旭麓

1988年5月10日

(二十一)

振平、海建:

唐克敏已于昨天回到学校,说了在北京见到你们的情况。

《史学情报》要的"专访",熊月之让周武写了个5 000字的稿子,他从已发表的许多文章中挖出了一些论点,颇费了点心思。但不免炒冷饭,有些道理也没有说清,修改好就寄来,要是赶不上《史学情报》的最后一期,可转给《历史研究》,因为前年在北京,去年在南京,小徐一再索讨"答问"。

上海的租界史讨论会,具体日期未定,将会与北京史学代表会错开,月之希望你们来。即候

时祉

陈旭麓

1988年6月6日

（二十二）

振平：

京中话别，又将一月。

《史学情报》访问记，我原打算作些修改，赴京几天，匆匆未能办到。如有可能，请把小样航函寄来，作些小的修补也好。又访问者只写周武不太好，应加上《史学情报》一位同志。

在京时，步青同志一再要我向你和海建、祥吉催清朝皇帝的稿子，他说你们是最先的承诺者，现在就只少你们三个人的稿子了。你和海建、祥吉商量一下，尽可能挤出时间玉成这部书的诞生。

上海一片抢购声。即候

时祉

陈旭麓
1988 年 8 月 28 日

致沈渭滨四十四通

（一）

渭滨同志：

上次你来，恰好我到研究室去了，没有见到你，怅然。

由老汪带给你和杨、夏的《传教士与近代中国》，想早已拿到了。《宋教仁集》额送的二十套已分给编者和捷足者了。等由稿费买的几十套寄来后，你们三人各一部，少不了，等着吧！

昨天丁凤麟同志函告香港《争鸣》杂志转载《孙中山与鲁迅》拙作，即成诗一首答之。诗云："是是非非总折磨，为人为己两蹉跎。年来一事差堪慰，刊后文章转载多。"聊供一粲。即颂

著祺

陈旭麓

1981年11月5日夜

（二）

渭滨同志：

十四日来信收到已多日，还是那些文债在打扰，未能即复。

关于《历史研究》要的那篇文章，你现在忙，就改在第二

期作发稿打算罢。左步青同志大概在这两天应回北京了,我想明天写信给他。我们交换文章意见,略等时日,我通知你。

熊月之这次在长沙的辛亥论文讨论中获一等奖,颇引起各地人士的注目,总算能争气也。四十岁以上的有你和姜、杨、何几位,三十岁以上的一代中又有寄托了,愁眉为之一展。

陈旭麓
1981 年 12 月 19 日

(三)

渭滨同志:

今天是星期四(八日),希望你于星期天(十日)上午或下星期一(十一日)上午到我家里谈谈那篇文章的事。还有词典的序言,我写了个简单的草稿,到底怎样写好,也想和你商量一下。即此祝好。

陈旭麓
1982 年 1 月 8 日

(四)

渭滨同志:

今天是狗年的第一天,我起床很早,在小窗前向你和你爱人及孩子们祝福!

　　这几天我都在家,不想出去凑热闹。年初五郑云山由杭州来,在师院的吴雁南同志也要来。你约我与老杨到你家小叙,我怕太麻烦你爱人了,改在年初五以后再说吧!词典预支稿酬一百元,要春节后才能发出。祝

新禧

陈旭麓
1982年1月25日

(五)

渭滨同志:

　　曾国藩传稿,小熊答应改,有了着落。林言椒、苑书义两位又来我处,林编历史年鉴,上面给了他一两个人的编制,他打算吸收我今年毕业的一个研究生去(此事不必与他人道)。互相帮助,请你把曾稿于十一日携来,以便抓紧处理。

　　昨前两天,丁名楠同志来了,荣孟源同志来了,彭明同志来了,还有段云章同志也来过,据说孙思白也将于日内到。他们没有忘记我,难得的友谊,但大大地影响了我看清样和稿子的进度。面谈,祝好!

陈旭麓
1982年5月8日

（六）

渭滨同志：

　　近来的工作松动点了吗？念念。

　　"辞典"最后一批清样，我看后由小吴转给你，想已看过。前两天我又抽阅部分二校样，仍有未经发现的差错，要不错，难矣哉！

　　"中体西用"于十一日挂号寄出，十八日左步青同志来信催稿，可能邮局在哪个环节上耽搁了，想近几天已会寄到。"新陈代谢"第三部分请你继续动笔，全稿在暑假内搞完，否则拖到下学期，太久了。你以为如何？专此，并候
时绥

陈旭麓
1982年6月23日

（七）

渭滨同志：

　　上次接到你的信，谈教课编写的忙迫，是我意料的。不过你上辛亥专史课，虽要花些时间准备，但可以应付裕如的。老左那里，有"中体西用"顶上去，十月发，过得去；我仍希望下半年继续完成"新陈代谢"，时间挪后些，对左不食前言，你看好吗？

八月二日，我带一名研究生去贵阳参加西南军阀史讨论会，溽暑远行，并不乐意，但几年来一直想去看看青年时代游息过的夜郎国，以了一愿。如方便，并就近一览滇池之胜。来去约计两周，归来当为你道之。专此，祝暑祺，并候你爱人和孩子们好！

陈旭麓
1982 年 7 月 31 日

（八）

渭滨同志：

那天你来时未能畅谈，后来何泽福同志告诉我，你们谈了写辛亥史的问题。

搬家的事已基本就绪，几个研究生帮我把书清查了一番，因为书架少，仍是摆不开，好些书只好捆成一堆。以前草拟的辛亥史纲目总算清出来了，现寄一份给你，已无多少参考价值，只可略窥二十年前的设想罢了。

七日《光明日报》刊出《历史研究》第五期广告，《论"中体西用"》排在第三篇，可能是避人言，与"商团"一文的命运相似。即此

祝好！

陈旭麓
1982 年 10 月 9 日

（九）

渭滨同志：

　　日前你来访,我因事上街失迎。你今年春节,虽比往年略为舒展,但也来之非易。送我的东西,盛情可感,却不应该。春节过后,你若有事进城,便道来谈谈。再过几天已是爆竹除旧,谨向你和你爱人祝贺

春禧

　　　　　　　　　　　　　　　　　　　　陈旭麓

　　　　　　　　　　　　　　　　　　1983年2月8日

（十）

渭滨同志：

　　昨天仔细读了"新陈代谢"稿,你对我的想法有补充,有订正,这三部分我想再加点工就可以了。希望你一鼓作气把其余两节写出来,以了去年许下的文债,也正式亮出"新陈代谢"的蓝图,一大功也。

　　谈宗英同志在电话中通知我,筹编的《中国人名大辞典》,将于四月初在北京开会商讨。如无变端,又将支出有限生命中的一部分。

　　附诗数首,即候

时绥

陈旭麓

1983 年 3 月 25 日

（十一）

渭滨同志：

　　上月廿七日在你家厚扰，特别应该谢谢你爱人汤同志的殷勤款待，只是这封表谢意的信，写得太迟了。

　　信写得迟的原因，就是背了个包袱，"辛亥史"提纲一直没有找到。从积信中找，从各个夹子中找，从书堆里找，如此找了几次都没有找到，不知插在什么地方。实在太乱，有时书也找不着。应该向你抱歉，却好像在向你诉苦了。说了这些，说不出口的一句话，要请你再理一份。

　　复旦讨论会后，还没有接到老左及其他人的信，不知对讨论有些什么反映。康梁讨论会的正式通知还没有发出来，可能会期有变化。余续叙，祝

著祺

旭麓

1983 年 9 月 11 日

（十二）

渭滨同志：

　　昨天接到老左的信，说他与章鸣九于三月初来上海，主要是和复旦商量去年八月会论文集出版事，并为"新陈代谢"文提出修改意见。到时他住何处会通知我们的。专此函告。即候

近祉

陈旭麓
1984 年 2 月 18 日

（十三）

渭滨同志：

　　近来被词条、盛档（汉冶萍资料）和几种校样逼得够呛，所以没有及时给他回信。上两周章鸣九同志来谈了一个上午，对"新陈代谢"稿提了些意见，其中说到和已发文章的论旨有出入，还建议"外来变为内在"单独写，修改量较大。我想在给"近代哲学史进修班"的课讲完后再考虑修改。小马的一篇文章已寄杨立强同志，不知你看到没有？《复旦学报》如能于第四期发表，对于她分配工作有利。即候

时祉

陈旭麓

1984年4月2日

(十四)

渭滨同志：

接读来信已好几天了。

我在政教系的课刚上完,《江海学刊》又来逼文章,定要七月初交稿,虽是讲课中的内容,也有记录稿,但要改写为一篇论文,还得花气力,何况时有插曲,看来只有延期交稿。

会党综述我不再综述,即以分段综述成文印出。蔡少卿同志来,说你对源流的综述很好。

辛亥提纲略后细阅奉告。

最近我与党委书记谈了一次话,不同意我去湖南,但湖南还有信来敦促。江苏人民出版社总编辑高纪言为"民国史"事,日前专程来谈了一个下午,有非办不可之势。种种啰嗦,很烦。祝暑祺。

旭麓

1984年7月1日

(十五)

渭滨同志：

读来信，惊悉尊翁弃养，好在福寿全归，希节哀。

上周二至周三，我校廿一级以上干部进行整党学习，即整党之准备也。我在学习中作了检查，犹未了，在正式整党时还将要说一番。听说最近已下达有关干部十二条，政策界线很明确，但仍难避免人为因素。我的一些打算，待在整党后再定。

昨天金永华同志带同一位女青年来访，说是你的学生。《书林》纪念会上见，祝好。

陈旭麓

1984 年 8 月 30 日

(十六)

渭滨同志：

三月五日的信及两个附件均已读悉。会党，在春节中没有出去拜年，总算写成一篇约万字的稿子，缮写好后，请你和魏先生提意见后再作修订，感到有些地方仍薄弱。请你转告夏笠。"思辨录"书评，根据你的建议，已由汪熙同志写了个稿子，现寄给你，要占你一点时间，将稿子修改一下，就请你寄给《人民日报》李炳青同志。送李炳青的书已由左步青同志转去。关于刘望龄的传言,说明他们很注意上海写辛亥革命的事。月内,我们找个时间谈一次。"新陈代谢"第一章怎样写,一直没有想好,最近才定下了架子,已分交两个研究生写初稿,算是起步了。但上半年还有两件沾手的工作在搞。近代史教材看来只有在整党后作部署了。
即颂
春禧

陈旭麓

1985年3月7日

（十七）

渭滨同志：

清理台上的小山头（积件）,找出了你在北京拍的一叠照片,总算没有把你的宝贝弄丢,现寄给你,该高兴了！

昨前两天为王耿雄先生一本有关孙中山的书写了篇三千余字的序言,附内,请你斟酌,后面提的两个问题,写得是否合适,更请你推敲一下。看后,即寄还。

"会党"一稿又作了些补充修改,已送魏先生,我要夏笠把前稿退还,他还没有还来,请你问他一下。此稿确实还可展开,写成如"革命与改良"那样长的文章,但我实在不能再

花时间在这个上面了。即此,祝

著祺

陈旭麓

1985年3月25日

(十八)

渭滨同志:

来信悉。你对刘世龙论文题所谈意见极是,现正要他一步步做去。我知道你的任务是会接二连三的,弦绷得太紧,也大可虑。四月五日至九日,《中国人名大辞典》在北京开编委会,要我参加,定于三日前往,估计要到十日以后才能返校。等返校后我们见面谈吧!诗以"话到辛酸语转删"为好。即候

时绥

旭麓

1985年4月1日

(十九)

渭滨同志:

前天接到教育部王也扬来信,要我尽快推荐编撰《中国

近代政治制度史》教材的人选,很想到七宝来找你商量,但又怕上车下车迷途。至办公室,碰上小马,她建议先打电话联系。打到复旦,说你已上完课走了。小马答应再电话联系,昨天下雨,至晚无回音。我想她可能没联系上,特写此信给你。明天(星期五)你去复旦上课后,请径来我处一谈,后天(星期六)上午亦可。此事没有商议出眉目之前,请不要同任何人谈,我们研究室里的人也不知道。关于陈同的事,你热心了,见面时商量吧!即候
时祉

陈旭麓

1985 年 6 月 13 日晨

(二十)

渭滨同志:

从兰州、西安回来之后,想给你写信,以没有什么要事可告而罢。昨天听说复旦历史系的职称已定下来并宣布了,为之不安。务请放眼风物,泰然处之。书不尽意,即候
日祉

陈旭麓

1985 年 9 月 15 日

（二十一）

渭滨同志：

你回沪后，想在忙着补课吧！

西安的会，因要服从整党，我已放弃赴会。关于编教材的事，我托杭大历史系主任金普森同志转达教部有关同志，可以考虑。如何进行，有待进一步联系。

你在圆明园拍的照片，林林均已洗出，我不寄给你。哪天有便，请你顺道来我处，有些事要同你商量。即此并候你爱人好！

陈旭麓

1985年12月9日

（二十二）

渭滨同志：

去湖南一趟，回来已一个月了，想写封信给你，总是那样纷扰，无心去写。不知你近来的情况怎样，颇难忘怀。

十一月廿七日《光明日报》"史学"上发的一篇驳我的文章，谈不上学术探讨，以他自己引申的意见，强加于人，作者□□□。此君还有一篇攻我的文章寄至《近代史研究》，听说被退稿了。如果是商榷史学问题，年无分老少，我都欢迎，但此君的态度有点蹊跷，不知你有所闻否。

龙柏饭店的传统文化讨论会,我准备参加,听听中外人士的高见。即候

著祉

陈旭麓

1986 年 1 月 3 日

(二十三)

渭滨同志:

前些日子接到你的信,当即放弃了在龙柏饭店的会上讲"海派",改讲临时构思的两点想法,一是中国文化上的一与多,二是由李泽厚引出的"体用"说。讲得不好,但他们对一与多颇感兴趣,要我写成专论,然不易也。

近月困于笔墨,连续写了三篇短文,一是徐泰来《洋务运动新论》序,二是熊月之书的序,三是《说"海派"》,此题虽不讲了,但《解放日报》不放过要这篇文章。三篇短文,却花了我不少气力,来不及与你商量,清样当请你看看。

你也忙,我也忙,许多事想和你谈。

春节你一定要来,小费主动承担通知你的任务,所以我就未写信了。即祝

时祉

陈旭麓

1986 年 1 月 30 日

（二十四）

渭滨同志：

九日的信收到已多日。

关于我与赵部长面谈事，谢谢姜鸣给我联系。这些日子我都在家，金华浙江师大的评委我请谢天佑代去的，青岛的康有为讨论会我打电报婉辞了。但八月一日要去北京参加孙中山学术讨论的论文评选，来去十余天。也可能再由北京去齐齐哈尔参加中日关系讨论会。这样，八月就泡汤了。你能否与姜鸣谈一下，如果赵部长在本月下旬拨出一个时间就好了。专此，祝

暑祺

陈旭麓

1986年7月19日

钟叔河的《走向世界》你不要买，我给你留下一本。

（二十五）

渭滨同志：

这次在广州和中山住了九天高级宾馆，吃的也是高级饭，结识了几个有学问的洋人和半洋人，还由珠海乘船绕澳

门航游了一周。

原来打算由广州去萍乡参加萍浏醴纪念讨论会,没有去成,就回上海了。

军史讨论会期已近,我想同你商量一下,能否让我不去了。时间实在紧迫:一、孙中山纪念论文规定本月底修改寄中华书局;二、革命史写的部分稿子须在近日审阅讨论;三、香港的会虽在十二月二十日开,但还要做些准备工作。因此,如得到你的(同)意,我就想向军科院告假了。专此即候

著祺

陈旭麓

1986 年 11 月 14 日

(二十六)

渭滨同志:

因时间的紧张去北京一直很犹豫,前天小马来我说起此事,她说:"应为沈老师跑一趟,早一点回沪好了。"所以,昨天我还是去定廿三日赴京的车票了。不知你哪天走?即此祝好。

陈旭麓

1986 年 11 月 18 日

（二十七）

渭滨同志：

兔年初二（一月卅日）下午,请照去年一样来我家畅叙,晚餐。

陈旭麓

1987年1月28日

（二十八）

渭滨同志：

春节已过,元宵即到。昨晚我参加了宣传部主办的录相联欢会,当了一名观众,听说在明天晚上的电视台上放映,算是元宵节目。

近日碰到复旦的同志,谈及你们编辑工商联资料的事,其中又产生了误会,可能并不是误会,我不得其详。但对于杨立强同志,我希望你即使吃点亏,也让他一点,你们曾经是好过一场的,有过友谊。"何事纷争一角墙,让他几尺也无妨!"如果是别人对杨有意见,你从中方圆几句,也就显得你的宽厚了。你现在手边的工作很多,能做的事也多,对工商联的资料你就松一把。我说得可能不中肯,因对你是没有任何保留的。祝全家团圆欢度元宵。

陈旭麓

1987年2月11日

(二十九)

渭滨同志:

读了十四日来信,很高兴。前些日子我打听此事,尚不得要领,现在毕竟解决了,虽然姗姗来迟,还是差强人意的。道路是艰辛了点,艰辛却也会给人以深沉。

月之昨天来过,他说第一章已写完,第二章写了大半,估计五月内完成,看来我还得修改。他也很着急,同你的心情一样。

五月二十八日至三十一日,民革中央、社科院和中国史学会发起纪念柳亚子百年诞辰讨论会在苏州举行,我将赴会,不知你们那里有人去吗?会后我由苏州去杭州,为杭大主持金普森同志研究生的答辩,大概在那里要待上三五天。

我还要说一句话,趁机与杨立强同志的关系改善一下。因为我向他们说过,他们不解决你的职称问题,我也很难做你的工作。朋友还是多一点好。

与石田米子的座谈,纯为应付场面。并候你爱人好!

陈旭麓
1987 年 5 月 15 日

(三十)

渭滨同志:

  昨天回到上海,读了你的信。

  这次至苏州参加柳亚子纪念讨论会,在那里待了五天;然后乘船顺古运河至杭州,为金普森同志的研究生主持答辩,也待了五天,吃喝了几顿;然后乘车经绍兴至宁波,受到该地党史办的接待,停四天,游览了溪口蒋介石老家、招宝山、天童寺等胜迹,颇尽兴,惜没有你伴游。

  在杭州与云山谈及你,他的研究生明年毕业,要聘你指导答辩。他分担"变迁"的一章已写了两万字,两周内可完成。月之的稿子尚未交来,你先写吧!等你从苏州回来之后,我们得机面叙。即颂

教祺

陈旭麓
1987 年 6 月 10 日

(三十一)

渭滨同志：

十日写了一信，顿悟你即去苏州，信停发。昨天月之来，得知你也回沪了，你的费用由会供给，我原想就应如此。

月之的稿子送来了，我看暂时还不能打印，请你径自写起来。有便出来，我有事要同你商量，也应通通信息。即此祝好。

陈旭麓

1987年6月17日

(三十二)

渭滨同志：

日前热浪袭击，使人昏昏然，什么也不能干，这两天总算好些了。不知你近来怎样，想来该与热浪斗争了一场。

"新陈代谢"稿前十章大都已收齐，你的两章如能在月底给我，九月我决定进行通改工作。前此看到你的疲劳形态，实在不忍心增加你的负担。

本月十八日我带几个研究生去湖南开会，一是看看天子山（张家界组成部分）的风光，二是听听大家对近史体系

有何新见,否则我就不会冒暑远征了。这次夏林根也去,有他们陪伴,旅途是不怕没有人照顾了。即候

暑祺

陈旭麓

1987 年 8 月 11 日

(三十三)

渭滨同志:

前天返校读了你的信,不释者久之。上次我发现你的身体不如以前好,但还没有想到信中所说的情况,看来是这些年过分疲劳了。一遇凉爽日子,我来看望你。

两章稿子可放慢些,健康第一。

这次去天子山参加"体系"讨论会,会开得不景气,到会者都是中青年,六十以上者只我一人,可说孑然一身。大概有三因:一、交通不便;二、号召力不强;三、对讨论体系可能还有顾虑。但爬了几天山,有一天连续爬了七小时,我还能跟上研究生。即颂

时祉

陈旭麓

1987 年 9 月 1 日

(三十四)

渭滨同志：

　　本来与林林谈好，今天星期日她陪我来七宝看你，因临时有事，只好改到下一个星期日了。

陈旭麓

1987 年 9 月 13 日

(三十五)

渭滨同志：

　　你的信由家里转到了医院，你没有想到我还待在医院里，去南京开五天会，付出了一个月的沉重代价。

　　这次的病，由感冒而高烧，又由高烧引起肺炎，可能肺上原来已有点暗影。体温很快恢复正常，肺上的那点暗影却费事。我过不了医院的禁闭式生活，吵着要出院，医生不同意，我发现医生和护士都是些专制主义者。直到今天，他们认为禁闭得够了，通知我明天出院，阿弥陀佛！

　　我虽然婆婆老矣，出院后我想仍会是顽健的，倒为你的足疾担心。我原先以为坏趾去了就可安然无恙，没有想到引发的麻烦。土方有效，甚好，但多找几个医生看看，寻寻病根，彻底治疗，很有必要。稿子事，你暂搁着，月内作进一步考虑。祝你的病情一天天好起来。

陈旭麓

1987 年 10 月 3 日

（三十六）

渭滨同志：

　　本月中旬何泽福看望你之后，说了你的病情，正在请医生会诊。会诊后的情况何似，无时不在念中。

　　我于十七日去长沙，昨天回到家里，往返九天。在那里参加了魏源逝世 130 周年纪念讨论会，为"中国近代文化讲习班"讲了一次课，讲了"什么是近代中国文化"的意见。中华书局的《中国近代文化史丛书》编委会也开了一次会。这次对中国近代文化史的意见，比 1984 年在郑州的讨论有了较大的进展，因为大家已积累了一些文化史的知识和想法。

　　脚不太痛楚的话，请写几句告知你的病情。祝你一天天好起来。

旭麓

1987 年 12 月 27 日

（三十七）

渭滨同志：

　　收到你的信后，小熊于前晚来我家，说他最近到七宝医院探望了你,较详细地说了你的病情,但愿蛇毒输液治疗能见奇效。

说来惭愧,我对病理知道得太少,还有一个指头和几个指头的哲学,以为把那个坏死了的足趾挖掉就可安然无恙,不懂得脉管炎的厉害,一个足趾牵动全身。

我很想到七宝来看你,但怕公共汽车拥挤、周转,又怕反而扰累你,过些日子要小马来一趟,希望得知病的起色。

你现在是养病第一,病好,要你协助我的地方还很多。前两章的稿子暂搁着,让别的同志整理,你千万不要为此事放不下心,养好病比写好两章稿子重要得百倍。专此,诸希珍重。

陈旭麓
1988 年 1 月 3 日

(三十八)

渭滨同志:

春节期间收到你的信,因何泽福、马自毅先后来看你,我已附意,他们回来后都说了你的病情,马说得较详细。前几天孔令琴来,说她到医院看了你,我又问了她看到的病况。他们都说你的精神尚好,为之一喜。但病趾是否已开刀,开刀的效果如何,总有些惴惴不安。想来医院,怕挤车子,徒有悬念而已。

我交了"线索"的卷后,在春节前后为于伯铭看《道光皇帝传》,写了篇短序,略抒心得。此事我不能不做的,拒之不忍。近日给施宣圆的《中国文化之谜大观》作序,因前此他分辑出版时,我两次婉辞作序,这次辑为"大观",碍于情面,不能再拒了。不过借此说了点要说的话,"反思,也还要一点反反思"。其他十来起书评都打了退堂鼓。可以刹车了。

顺便告诉你两件事:一、十一至十三日,市里召开"思想理论工作座谈会",探讨十年来的理论问题,通知我去,听听也有益处;二、王元化、冯契同志等筹建"中西哲学和文化研究会",聘请周谷城、于光远、李锐诸公作顾问,要我参加,此会听说已得到市里的批准,很快即可开动工作。即候痊祺

陈旭麓
1988 年 3 月 9 日

(三十九)

渭滨同志:

前天月之来,告诉我你已住进离历史所不远的第八人民医院,开了刀。他准备于日内去看你。今天接到你的信,获悉你已于二十四日出院,回到家里修养,表明隐患排除,为之欣慰。

祁龙威邀你于五月去扬州参加研究生论文答辩,在我印象中你是首次接到这样的邀请,值得珍视。但更重要的是要无碍于病后的休养与巩固,否则宁可婉辞不去。

柏杨《丑陋的中国人》,写得并不好,但说说中国人那些恶劣的积习,给大家照照镜子,没有什么不好。可我们总是讳疾忌医,只愿听那些"勤劳、勇敢、智慧"的话,事实上疾垢愈积愈多。有许多事情,不是没有治理的办法,常常是行不通,或者一行就变了样,最好的办法在我们的同志、同胞手里,也会变得面目全非。经常在我脑子里出现一个问题,到底是我们抛弃了传统还是传统在捉弄我们?可能两者都有,我更着眼于后者。你好好为《丑陋的中国人》写篇书评,引述龚自珍、特别是鲁迅的论点,同自己观察所得,作点针砭,我很赞成。

《中国文化之谜》,如你所说驳杂,我的序言没有说太多的好话,只是借以发了点议论。小样打出后,寄给你提意见。

我现在决定腾出手来搞"新陈代谢"了,请你把小熊写的那两章稿子托人带来。

《青浦县志》稿于廿九日起开四天评审,情不可却,我打算三十日去一天。即祝

痊祺

陈旭麓

1988 年 3 月 28 日

(四十)

渭滨同志：

　　四月二十二日的信收到已几天，获悉你的病情基本好转，也就放心了。挖掉一趾，在结痂中走路摇摆，那是必历的过程，务必听医生的话，卧床修养，随便翻点闲书解闷，绝不可自作主张。

　　这几天，因谢天佑同志突然病逝，很不好受，与十几年前李道齐去世时的心情一样。谢本来有高血压，这回太大意了，因吉林出版社催得紧，只顾写《封建专制统治下的臣民心理》一书，连续开晚车，病发送院，二十多个小时即与世长辞了。一本书写了一半要了他的命。惜哉！

　　《近代中国科学家》印刷装帧都好，看了很高兴。给何泽福的一本已拿去，马自毅近日不见来，她的一本尚未拿去。

　　四五月间，都要忙着为《民国史词典》定稿，此事我受（上海）人民出版社特别是朱金元的情面之累，被动得很。"词典热"迄今不衰，互相抄袭，有似买假货的奸商，应称之为"奸士"。我对之已很不感兴趣。目前陆志仁同志拟了编纂《上海中外名人词典》的计划和编辑人员名单，要我当副主任兼总编辑，又以情不可却，受副主任而辞总编辑，副主任有好多位，伸缩性大，总编辑是"实祸"。我得再唠叨一句，你千万不要为文债牵着鼻子走，病情加重了，谁管得！

即颂

痊祺

       陈旭麓

      1988 年 5 月 1 日

(四十一)

渭滨同志：

  收到两次来信，未能很快作复，实在是有点忙乱。每周有三天在出版社为那劳什子《民国史词典》定稿，好在快完了；四天在家里除了接待和小孙孙捣乱外，就是埋头批阅五个研究生的论文，有的反复两三次，加上北大寄来的一篇二十万字的博士论文稿，还有这样那样的"阎王（文字）债"，弄得我有点喘不过气来。

  你的老母又随老父而去，虽然他们都已高寿，无遗恨于人间，但为人子者总不免"亲不在"之痛，何况你自己又在病中！近来我颇多生老病死的感叹，人要超然物外很难。

  《文汇报》那篇谈"反思"的短文，本来想先给你看看，你会提供一些意见的，因为你的住地太远，我身边没有小杨那样的人能效驰驱。你善于捕捉问题，这回你又捉牢了"意识形态内部的中体西用"一语，近代后期的许多人大抵是这样的"中体西用"思想。由你的捕捉和建议,我想进一步研讨这个题目,在以后撰文时阐发这个思想。

前些日子,不知是谁告诉我,说你足趾已经结疤,可以行动了,为之大快。而你近日的信说仍不那么乐观,又增添了我几分思念,但愿服了张寄谦寄来的方子也如她霍然而愈。不过我想只要病毒没有蔓延,仅是少了一个足趾行动不便,那也无关大局。

近月在迎接"五四"七十周年的活动下,北京开了一次座谈会,前天上海也开了一次座谈会,广州也将于本月中旬召开这样的会,邀我去,我辞谢了。历来思想文化一活跃也会给人们带来一种担心。即候

痊祺

陈旭麓
1988年6月4日

(四十二)

渭滨同志:

昨天发了一封信给你。

兹接来信,借悉一是。八日(星期三)约定去出版社,车子按时来接,不便改期。你从扬州回沪后,另约一个日子见面。去扬州既已定下来,必须有人陪同,千万当心。即候

近祺　　请代候

祁龙威同志

> 陈旭麓
> 1988年6月6日

（四十三）

渭滨同志：

得来信，知道你去扬州已顺利完成任务回来，为之欣然。

前天我在复旦一整天，陈绛同志两个研究生的论文，在方法上与许多论文不一样，是"欧风美雨"。昨天是本校政教系四个研究生的答辩，有一篇论张君劢的文章甚好，其他都跳不出旧时党史的思维方法。整个六月忙在研究生论文上，还有冯契同志两个研究生论文未了。

七月三至七日是租界讨论会，不知你能参加否？诸希保重。

> 陈旭麓
> 1988年6月26日

（四十四）

渭滨同志：

八月初从北京开会回沪之后，就想写信给你，总是提不起笔来。因在京的宾馆里,室内空调,与室外温差大,不适应,闹感冒,回到上海又拖了十多天才好。接着又有些困扰我的事,非常厌倦。

  一周前,小马到你那里,来家说了你的病足近况。昨天为词典事去出版社,听小朱说你到过他家里,借悉行动尚便,并说你很关心有关学术著作出版的困难。这个问题给史学界的朋友带来不安。李时岳的洋务运动史预订只有几百册,改名为《从封闭到开放》,预订也只有一两千册,离额订一万册仍远,遂被搁浅。费成康的《澳门四百年》早就付排,因只有5 400册订户亦被搁下来,费在他岳父的帮助下,自己承购4 600册,才允出版。郑云山来信说他的近代思想史稿,找了十多家出版社,都被婉拒。云山很泄气,我去信安慰他,要他把稿子权且放下,放眼当前思潮,进而充实、修改,一两年后总能找到出版的机会。据我了解,上海人民出版社仍是刀下留情的。

  听说你接下的《一八四〇年》约稿,将易为《一八三九年》,我不太赞成,因为这并不表示什么新意。前几年,来新夏好像在《历史教学》上发表的一篇文章,呼吁一八四〇年鸦片战争应改为一八三九年。针对这个呼声,我在《关于近代史线索》一文中泼了点冷水。此文见今年《历史研究》第三期。我想你会有《研究》,没有把抽印本寄给你就正。我以为"一八三九"与"一八四〇"的关系,是头发与头的关系,我们要说的是"头"不是"头发",当然也要注意到"头

发",不是"秃子"。不知你以为然否?即候

近祺

陈旭麓

1988 年 3 月 30 日

致史月廷二通

（一）

史月廷同志：

　　大作仔细读了，对陈独秀拥护抗战而又有许多错误言论的基本论断，我认为是成立的。但对别人的论点可以说得婉转些，留有余地好。自己的论证写得还不够深透，比如说陈独秀立足于抗战却又指责党的方针，总觉得没太说清楚，我在稿旁略为签注了一点意见，供参考。即致
敬礼

陈旭麓

1982 年 11 月 7 日

（二）

史月廷同志：

　　大札与《中国现代史稿》收到，谢谢你的盛意。

　　上月在杭州召开的筹编《现代政治思想史》会，我拥护、赞同。之后，陈善学、胡汶本、吕明灼等同志来，要我参加编务，我实在力不从心，但恐违诸同志的厚爱，只好勉承其难，好在编写同志都积之有素，又能通力合作，我做一个赞助

者,当乐睹其成。

  专此布臆。并候

金普森同志

陈旭麓

1985 年 5 月 3 日

致苏双碧一通

双碧同志：

你好！许久不通信，时在念中。

十一月下旬至本月初我去湖南兜了一圈，前几天回到上海，翻阅案上积报，读了你报十一月二十七日□□□君《谈庚子事变中的爱国与卖国问题》，全文批评了我在《近代史上的爱国与卖国》中的一段话。对于庚子事变中后党"主战"、帝党"主和"的是非曲直，互相探讨，自有裨益。

但是，□文有些论据是引申而来，并不是我的意见。拙作明白地说了"义和团的排外和西太后顽固派的主战截然不同"的话，更没有"拳乱召祸"的烂言。□文却从这里大费笔墨，不知何意。至于所说"面对帝国主义强盗，我们决不能有任何示弱，但也不是不顾时间、地点、条件，鲁莽从事，用两个拳头，一阵呐喊，就可把帝国主义赶跑的"，这是泛论如何才能赶跑帝国主义的问题，不是专指义和团的。对于义和团我历来是两点论，一是充分肯定其反帝爱国业绩，二是不讳言他们受客观条件限制的落后斗争形式。

我想与□□□君通讯或面谈我的想法，请你出示□君的工作机关或住址。谢谢。致
敬礼

陈旭麓
1985年12月10日

致孙思白五通

（一）

思白同志：

先不说您的七月十日来信。

还在四月间李新同志来上海，说彭明同志和您也要来。老彭来了，说您正云游南昌、南京等地，不久即可到上海，孩子们正准备欢迎孙伯伯。及遇来新夏同志，始悉您因沿途劳顿，已由南京适返北京，上海的行程作罢。很使人失望。一直想写封信给您，谈谈几年离索，却未能写成。现在又是追忆了。

您说您已是离退及格而有余，我也够格了，打算明年办这件事，将余下的岁月，写一点近代史积思的东西，知我罪我，其惟春秋。近来晨起上公园学练气功，列为必修课，想假此保持一点精力，不致举笔为难。除此之外，还想到想去的地方跑跑。

今晨去老冯家里，把您的信交给他了。对包君的事，他完全可以向陆志仁同志和文研所负责人说一说，当无问题。专此布臆。并颂

时绥

弟　陈旭麓上
1982 年 7 月 14 日

（二）

思白同志：

　　七月底奉到手教及南行诸什,时正待发去贵阳参加西南军阀史讨论会,并听说您是这个讨论会的倡导人,一定赴会,可以相逢于夜郎国,所以没有给您回信,此刻好像是讲现代史了。

　　日前晤冯契同志,您托他说的事已经说好,早经函告,我就不用再谈了。

　　此次贵阳的会,您和京中诸公遇水折回,"直系""皖系"的大将缺席,会中为之减色,更是苦了我,林超同志等拿着黄牛当马骑,要我作专题发言,临时拍脑袋,讲了一通,必多失误,欲逃也来不及了。

　　重访阔别四十年之贵阳,变化不少,感想颇多,却没有像您的南行哼出那么多诗来,仅有"黄果树观瀑布"一首："头上瀑飞山欲颓,落倾潭底响惊雷。风吹水沫腾空起,似雾似烟又似灰。"您投来的琼瑶,我只能报之以小小的木瓜,是无法等价的。

　　归途在长沙逗留了几天,与湖南社会科学院的许多同道有所接触,他们很钦佩"民国史"的成绩,但也有点向隅之感,觉得许多省地在李新同志和您的垂注下,有所协作,即以人物传记而论,湖南人占的比重不少,他们也有这方面的资料,很乐意承担一点任务,他们知道我是"民国史馆"的朋友,所以向我说了这些话。上次王学庄同志在一次信中提到杨度传写得不理想,要我执笔,看来还是让他们改好比较妥当。

传闻你于十月出席厦门的现史讨论会时,将就道访上海,当恭候。敬颂

时绥

武淑贞同志好

陈旭麓拜
1982年9月4日

(三)

思白同志:

拜读一月十九日来信,敬悉种种。

去年十一月初,李新同志路过上海,嘱为《民国人物传》第五集定稿。我答应了,因为在李新同志和您主持的工作中,我如能做一点贡献,十分乐意,那是有一股历史和感情的吸力。但正如您所预料,身在上海的我,要分出时间为民国史校订一部几十万字的稿子,当前不无困难,主要是手边的一些东西剪不断,而且"捣衣砧上拂还来"。这不能不以"轻诺寡信"而自遣,三月间可能来京,当向您和李新同志负荆请罪。

上海人民出版社赴京的同志日前返沪,转述您对现代革命史丛书的意见,非常恳挚,他们即将把丛书计划付之实施。编委增彭明同志,他们在考虑中。我想此事做成,当是

八角亭事业的延伸。

大作《历史与现实》是击中时弊的,我觉"意犹未尽"者,即对"影射"问题而言。"影射史学",大家已为之掩鼻,但"影射"在文史中是由来已久的事,是史论触及现实的一种手法,很难完全杜绝,到底如何认识才能不背于马列,有待论证。

《当代诗词》,我尚未接到,其中有您的诗,那就更如渴之思饮了。至于我的两句旧作,您喜而用之,那是我们的同感共鸣。前天寄上新出的《中国近代史词典》,词目涉及的面广,成书较匆忙,一定有不少错误,请您随时指正。余续叙,即颂

恭祺

旭麓拜上
1983年1月27日

(四)

思白同志:

五月廿七日手书奉悉。

这次黄海地震,沪宁等地都波动了。不少学生因跳窗受伤,孙渤幸好只跌到微伤,想早已痊好。据说上海跳窗的都是外地学生,本地学生却是狡猾,狡猾得事后看热闹。那晚我刚就寝,觉得房子摇撼了几下,忙穿衣下楼,马路上已

挤满了人,随即我仍返楼大睡,我大概也算是狡猾一流了。

失裤事,孩子们听后说,孙伯伯是杂技团的超等演员。

在南京开会时,您去合肥之次日,江苏人民出版社同志向我谈及他们想编撰中型(一百五十万字)民国史,我未置可否,近日他们又来信重提,我以为应纳入李新同志的协作规划中。

顺告。即颂

恭安

陈旭麓

1984年6月3日

(五)

思白同志:

接获虎年除夕的信,您在思念,我确实也在思念,岂仅除夕,老来念老友,大概是共性。

说来还感到十分歉怅,去年八月、十一月我两次来北京,来是匆匆,去也匆匆,到时开会,会完就走。晚间想探望您,挤公共汽车、地铁,我怕远路,要小车颇不容易,终于未能如愿。以前颇怪冯骥不知趣,一定要"食有鱼、出有车",现在自己也感"出无车"的苦处了。上海的公共汽车实在已挤不上,挤上去了有时会被人推下来,好不险哉。所以近年我很少上街。凡开会,我立下了一条,有车子接送就去,没有车子恕不奉陪。

　　封闭了多年,去年十二月难得去了一趟香港,道出国门未出国门。回来后,外事部门规定要写汇报,我就写了一篇短文发表于《文汇报》(1月20日)公之于众。孙渤大概看到这个东西,作了您的"珍闻"。

　　今年近现代史的学术讨论会甚多,我已接到十余份通知或请柬,当然不可能都去,将拣两三个地方去。估计南京的民国史讨论会您一定会出席的,我也准备参加,不知他们还会安排我们住在一个房间里否,我将穿一套带一套衣裤去,哈哈。

　　春节前后在审阅《五四以来政派及其思想》一书的样稿,即陈善学等写的那部《现代政治思想史》,约五十万字,有几章写得尚好,有几章很平淡,太不平衡,无法大改,只做点修补词句的工作。此书当于秋间出来,届时寄陈指正。

　　今年想加劲把说了许久的《近代中国社会的新陈代谢》的上卷写出来;仍写点思辨的文字,明年想辑"思辨续录",老牛渐知来日短,不用扬鞭自奋蹄。

　　舍下最近添了个孙子,大家围着他转,颇减老年人的孤独感。小儿陈同调入上海大学教革命史,做了我们的同行,并告,即颂
全家万福

陈旭麓
1987年2月8日

致王耿雄十通

（一）

耿雄先生：

曾嘱为尊编《辛亥革命时期孙中山大事记史料》洽商出版一事，特向天津人民出版社殷瑞渊同志推荐，顷接殷同志复函，该社愿接受尊著出版，原函附奉。如同意，请直接与天津人民出版社殷瑞渊同志联系。专复。即候

撰祺

弟　陈旭麓拜
1984年6月8日

（二）

耿雄先生：

十八日信已拜悉。想春节过得很好，不适之处早经康复为颂。

关于殷瑞渊同志对处理尊稿提出的技术问题都好办。唯核对资料，我以为可分两种方法：一、凡用作者自己的话概括出来的事实，不必用引号，仍注明来源，只要来源不错，就不用核对了；二、凡是采用原文的，均加引号，须核对，注明出处。

序言，我写了点草稿，因有些地方须查阅原稿，方能写

得翔实,所以尚未正式成文。希望您在适当时间携原始抄稿到我处一谈。请函告来舍时间,以免相左。专复。颂春禧

陈旭麓
1985年2月27日

(三)

耿雄先生:

现把序言初稿寄来,请你仔细推敲一下,一些用词是否妥当,还有哪些意思可以补上?其中的数字则请添上并核实。

即致
敬礼

陈旭麓
1985年3月23日

(四)

耿雄同志:

前些日子你来访,我不在家,有失迎候为歉。

昨天接殷瑞渊同志信,我今已复信。说了除引文须核对外,其他采自报刊上的记述和报导,凡有疑窦处则检原刊

查对,一般就不必再费事了。至于这些内容未经编著者改写,大都是录自旧文,怕引起误会。我认为书名"史事详录","录"者就是抄录也。在"后记"中写上一两句作个交待,就可以了。你要不要去天津面谈,请你与殷同志函商。专复。致
敬礼

陈旭麓

1985年5月1日

（五）

耿雄同志：

　　今上午你来访时,适逢我约了两位同志来商讨事情,以致来不及和你细谈,你连茶也没有喝上,实在抱歉!

　　关于尊稿,由于核对史料问题,一再拖延,是原先没有想到的事。如果你信得过他们加工,就让他们去加工;如果信不过,你就快写信去,随即赴天津处理一下,免得再耽误。

　　一般说来,出版社编辑部对来稿加工,是其职责所在,并不涉及分稿费。要是加工的工作量很大,须分享稿费,那就该与作者协商。至于我看看稿子,提点不痛不痒的意见,纯属友谊,万万不要考虑稿费的事。专此布复,即颂

撰祺

陈旭麓
1985年6月1日下午五时

(六)

耿雄同志：

　　这次我去兰州参加洋务运动讨论会，回程在西安待了几天。昨日回到家里，看了你来访时留下的字条。大著能在九月间核对完甚好，再延搁则恐赶不上孙中山百廿岁纪念出书期。你太客气了，又惠赐月饼水果，"一之已甚，岂可再乎"，实在不敢当。即颂
大安

陈旭麓
1985年9月7日

(七)

耿雄先生同志：

　　十二月卅一日来信拜悉。殷瑞渊同志为尊著的两处译语专程来沪，如此负责精神，钦佩之至。惟六日至十日，我要参加复旦大学在龙柏饭店举办的传统文化讨论会，六日是第一次会也不便请假，只能八日上午在家恭候，如瑞渊同

志另有安排,则今年有机会去天津时拜访他。

专此,敬候

著祺

陈旭麓
1986 年元月 3 日

(八)

耿雄同志:

这次你去北京,有贡献,有收获,很好。关于"序言",《人民日报》以写作者多,写孙中山的内容少了,因退还。我不愿再作删改,已将稿子寄丁风麟同志,请在《解放日报》上发表。此事,你不必向丁和他人说。即候

撰安

弟 陈旭麓
1986 年 4 月 24 日

(九)

耿雄先生:

新春好!

关于《孙中山集外集》,我已与人民出版社郝盛潮同志联系,请你于 20(年初三)或 21 日上午来师大二村,我们一

起面谈。即候

春禧

陈旭麓
1988 年 2 月 18 日

（十）

耿雄同志：

　　四月十九日大札奉悉。

　　《国父全集补编》，中山学社既已买到，我想向他们借用，大概不致见拒。附给章云鹏同志的信，请你与其面洽。

　　顷接《辛亥革命研究会通讯》第三十期，其中有"孙中山佚文辑录"两篇：

　　一、《致江亢虎书》1912 年 1 月 1 日。

　　二、《复中华民国联合会书》1912 年 1 月上旬。

　　以上两书不知你是否见到？如未见到，可到我这里来拿。

　　专此，敬候

著祺

陈旭麓
1988 年 4 月 22 日

　　下周二、三、四，我在人民出版社定稿。

致王学庄一通

学庄同志：

　　我这里应届毕业的研究生刘世龙同志，正在撰写以"武昌起义后省军政府研究"为题的论文，来京求教，并想查阅有关文献资料，请你给予指导，不胜感盼。即颂

时祺

陈旭麓

1984 年 5 月 18 日

致汪敬虞一通

虞老赐鉴：

　　月初，正装束去广州参加"戊戌与康梁"的研讨会，奉到手示，匆匆展读，未及裁复。这次的研讨会从广州到南海到新会，再去深圳参观，回程又碰上买机票、车票的困难，费时三星期，二十七日才回到上海，出门才知行路难。

　　昨天，拜读《近代中国资本主义的发展和不发展》，深佩信手取材、思想缜密，对中国近代工业由李鸿章、张之洞—盛宣怀—张謇、周学熙到荣宗敬、简照南的推进和演变的线索，论证透彻，益我良多。所述中国资本主义企业在各个经济部门中的产生，多数开始于以商人为主体的民间活动，不是开始于洋务派官僚为主体的官场活动，亦是的论。但中国的近代工业形成气候而有较大社会影响的，却是始于洋务企业。这个认识不知能成立否？请虞老赐教。

　　今年八月到北京开史学代表会，匆匆来，匆匆去，未能拜访，明年有机会来京，当补课。敬候
著祺

陈旭麓
1988 年 11 月 30 日

致萧艾二通

（一）

萧艾同志：

七月三十日手教奉悉。

尊著《王国维诗词笺校》收到。王先生诗词一直散见于各书各刊，难窥全豹，今专辑问世，有功士林多矣。

林迈之先生年事不算高，记得前年在湘黔车上叙谈，他与我同年。遽尔逝世，闻之怆然。

年来承湘中友好系念，今年湖南社会科学院一再邀我去院工作，奈这里不放行，回湘之愿难偿。

尊体违和，不知近来康复否？诸希珍摄。敬颂

昆安

弟　陈旭麓拜
1983 年 8 月 7 日

（二）

萧艾同志：

在沪晤叙，益我良多。嗣彭、李两同志来，获读大教及口信，拳拳之意，深感。

所编近史丛书，最近有变化，因中宣部授权北京人民、上海人民及青年出版社编掇《祖国丛书》，选题广泛，计千

种，大多与近史丛书雷同，要求也接近而更要口语化。局部服从整体，近史丛书除出完已成稿子外，新稿要照《祖国丛书》的旨趣安排。原议请您写"王闿运"，以光近史篇幅，现与《祖国丛书》的要求未必尽合，为此，我建议"王闿运"可照尊著《王国维评传》体例写，或写成篇幅更大的专著，我想沪、湘及他省的出版机构都会欢迎的，我首先当个吹鼓手。

　　近日将去北京参加"第一次国共合作六十周年纪念会"，归来已是春节前夕，谨此预祝

春禧

弟　陈旭麓拜上
1984 年 1 月 10 日

致杨慎之一通

慎之同志兄：

接到九月十四日信，已十余天了。

对于黄兴学术研究讨论会，一是应该恭谨赴会，二是应该写文章。前一条可以做到，后一条力争，没有太大把握。现离会期虽还有三个多月，但因手边排着一个个课题，待阅改，待动笔，不知挤得出来否。

克强先生不是一个思想家和学者，但他的民主思想、军事思想、教育思想以及兴建实业的主张，均有足述者。尤其是他的宽厚的品德，生前与死后都为人敬仰，自民国以来的军人中，只有朱老总可以与之媲美。

专此布臆，敬候

著祺

陈旭麓拜

1988年9月29日

致殷瑞渊二通

（一）

瑞渊同志：

上月接大札，迟复为歉。

《辛亥革命时期孙中山史事详录》的序言已草就，现寄上，请斟酌修改。此稿的注释，我想可分两类：一类摘录原文，须加引号，详注出处（书名、出版单位、页数）；二类用编者的话概述，注来源，就不用核对原文了。不知是否可行，卓裁。

这里又有同志在李赣驹（李烈钧子）先生的帮助下，编了《李烈钧集》，七十余万字，已缮录装订成册。李烈钧为辛亥革命至抗日战争的重要人物，其行事和言论有历史价值。托我向尊处推荐，给予出版机会。有可能否，希函复。敬候时绥

陈旭麓

1985年4月5日

（二）

瑞渊同志：

四月廿六日大札奉悉。

关于"辛亥孙中山详录"除"引文"应予核对外，其他来自报刊上的记载和报导，如发现有疑窦则检对，一般就不必

再去翻阅报刊了。至于这些内容大都是照抄旧文,不是编著者自己编写的,那也无关紧要,因为它是"史事详录","录"者就是照抄也。在"后记"中写上一句,不会有什么误解。

前几天,王耿雄先生来我家,我出去了,没有碰上。我想将此意告诉他,他如能来天津一趟,当面谈谈也好,即此。

敬候

恭祺

陈旭麓

1985 年 5 月 1 日

致张芝联一通

芝联同志兄：

　　八月初去京参加史学代表会，满想可以面聆教益，询之周一良先生，您尚在访问欧洲诸国。今接尊夫人郭心晖先生函，获悉大驾已返抵燕东园。

　　关于纪念法国大革命二百周年论文，拟题为《法国大革命与中国士人心态》，想概述近百年中国人对法国大革命认识的衍变，虽已嘱人在检抄资料，但因杂务纷扰，届期能否撰成论文，尚无把握。专此布臆。

　　敬候

俪安

陈旭麓拜
1988 年 8 月 25 日

致赵宗颇、夏菊芳五通（附一通）

（一）

宗颇、菊芳同志：

你们搬出师大后已一年了，因为营营扰扰终未能来看你们，只是常在惦念着。

前几天，看了《吴禄贞》的校样，在文字上略作了点修正。我感到这本稿子有两处写得较好，一是三十年来第一次将"间岛问题"说得较为清楚了，二是对吴禄贞之死写得颇有感情。校样想必也已送了你们手中。尽快看好，争取早日出书。

吴雁南同志回黔吗？请你们代候。顺便问一下他借去的《近代财政经济资料》一书，请掷还，我要用。在适当的时候，一定到师院来探访你们。即祝

春禧

陈旭麓

1982年2月15日

（二）

宗颇、菊芳同志：

春节前夕接奉来信，敬悉你俩及全家的近状，更谢谢你俩对我是那样的关心，虽同处上海，由于路远车挤，经年难

得一见,每思昔年同住师大二村,日夕相见,不胜感慨。近年我一直因于审稿,为他人著作写序言,几乎日不暇给,自己早想写的书,迄今搁浅,此身虽尚顽健,但精力终以日减,思之惶然。小赵今年何时能到师院来,得与你们一叙。

即颂

时绥

陈旭麓
1986 年 2 月 17 日

(三)

宗颐、菊芳同志:

久未晤叙,接来信,为之欣然。

嘱为你的研究生讲一次课,义不容辞,只恐我的湖南话他们听不惯。我于十月五日去南京参加民国讨论会,这次讨论会较隆重,邀请了六十多个洋人到会,我想可以得些信息。因此,讲课事须延至十月十三日以后,具体日子请你酌定函知。

国庆到了,祝你们健康、欢庆。

陈旭麓
1987 年 9 月 29 日

附：陈林林致赵宗颇[1]

赵叔叔：

您好。

爸爸要我给您写封信，20日他不能前来给您的学生讲课了。上星期从南京归来，他就住进了医院。不过，经过一星期的治疗，病情大有好转，估计20日以后能够出院。爸爸说，讲课的事等他出院后再定。很对不起，打乱了您的安排。

问夏阿姨好。　　　　　　　祝

好

陈林林

1987年10月17日

（四）

宗颇、菊芳同志：

信收到了，谢谢你们的关心。

这次因自己不当心，在南京感冒，发高烧，经医治，体温已完全恢复正常。但影响及于肺部，住院十七天了，医生说还要观察几天才能出院。

---

[1] 赵宗颇按：这封信是陈先生在华东医院治病期间犹念念不忘为我系研究生讲课事，特嘱其长女写信给我，另行邀定日期。

出院后再和你们联系,能够到你们那里去谈谈,我是很高兴的。即候

教祺

陈旭麓

1987 年 10 月 28 日

(五)

宗颐同志:

为践前约,拟于本月十八日(星期三)上午八时半前来尊处给近史研究生讲一次课,请派车子接一下。这个时间不合适,则请另定一个时间通知我。专此,敬候

教祺

陈旭麓

1987 年 11 月 14 日

致郑云山三十七通

（一）

云山同志：

北京返校后，看了你的信和思想史提纲，因忙于给研究生补课，未及即复。

得悉你的副教授职称已批准，十分高兴，这是你的努力和成果应该获得的名义，我觉得杭大不全排年资是处理得好的。

对于编著思想史，你原来顾虑力量不足，不是过虑。特别是要在已有思想史、哲学史的基础上，有所突破，有点特色，还不是那么容易。加上前此沈渭滨、杨立强、何泽福打算合写辛亥史，计划分《兴中会》（包括其他革命组织）、《同盟会》、《武昌起义》、《南京临时政府》四本，每本二十五至三十万字，单独成书，合起来就是一部辛亥全史。沈渭滨等想请你和熊月之也加入。拟定提纲，分头撰写，于八五年完成，以偿多年来对辛亥革命史搞专著的宿愿。这些年来，你对辛亥还是有所研究的。如果你赞成这个计划，则思想史放后一些，两三年内先写好这部书。如何进行，由沈拟个初步提纲，于暑假内讨论、分工。

关于《陶成章》，只要能保证一定质量，可照你的意思办。

《中国人名大辞典》，由胡绳主编，分由北京外文出版社

（因要出外文版）、上海辞书出版社主持，上海负责三皇五帝至建国前的死人，北京负责建国后的死人和当代在世的人，京沪各一万二千五百条。我负责近代人物。这次很慎重，编委均由文化部发出聘书。

上周，市委已派调查组来师大，领导班子将大改组，党委书记还不知是谁，于今后师大的关系颇大。看来要到暑假才有分晓。匆匆，祝
时绥

旭麓

1983年4月15日

（二）

云山同志：

五月一日信收到已多日。您赞同"辛亥史"计划，至为欣感。如何分工，暑假中碰头时酌定。"南京临时政府"一编，现公报已印出，参与者的文集和回忆录也不少，资料不算太难，只是翻阅当时报刊，较费时间。

五月廿一至廿七日，在长沙讨论史学"六五"规划，主办单位中国社会科学院邀我去，我定于十九日前往赴会。又湖南编订《魏源全集》，定于廿九日至六月三日开编辑会，并将成立"魏源研究会"（会员30—40人），要我参加，我亦欣然同意。两个会开完，回到上海当在六月上旬。

顺便说一下,两月前湖南杨慎之同志来沪专访,他说奉命请我去湖南社科院工作,专做学术带头人,儿女都可安排,住房比此宽敞,图书资料尽量供应。我未拒绝,以考虑后函复。此次去了,他们必面议。我想待师大新旧交替后有人做主再定答之。前此未及征求你的意见,不知你以为何如!总之,在上海已数十年,一旦他迁,也非易事。

　　即候

教祺

陈旭麓

1983 年 5 月 16 日

(三)

云山同志:

　　二十一日信收到了。

　　渐入老境,常常容易把事情忘漏。"近代文学史资料丛书"编写计划放在桌上,竟未搁入信封内,现补来,请查收。

　　我在完成《人名大辞典》的定稿工作后,这一个月忙于参加和主持研究生的答辩,有本校的,有复旦的,也有上海师大的,论文有的长达十余万字,真是看得头昏眼花,要到二十八日才能完事。

　　你问及《新陈代谢》和《近代史》两书,前者已叫人先为我在起草第一章的初稿。后者拟于七月间定下计划。但是案头还搁着一部难于处理的六十万字的巨稿,即《现代政治思想史》。

前几天教育文科教材办公室来函要我推荐《近代政治制度史》教材编写人。我有个想法,由沈渭滨和你承担(副主编),我挂个名,其他编写人另议。沈已同意,不知你以为如何。此事仅为拟议,先不要向任何人说。即候
时祉

陈旭麓
1983 年 6 月 23 日

(四)

云山同志:

方在系念中,得四日来信,借悉一切。

九月曾去广州出席康梁讨论会,其实纪念之意大于讨论,除在广州讨论了两天外,去新会四天,南海两天,分别举行了康有为、梁启超纪念会,他们要我在康有为纪念会上讲话,讲话内容以"康有为的爱国、革命精神"为题刊于十月五日《南方日报》,算是此行的记录。归途,熊月之和小刘、小马原打算在杭州下车来看你,大概怕添麻烦又径回上海了。

世培寄来你们编的《近代名人小传》,我早收到了,请你告诉他,我将另外给他写信。经常有点东西出来,于人于己都有好处。

为《秋瑾评传》写序言,你想的办法很好。照办。最近还有两篇序言待写,一是熊月之的《近代民主思想史》,一是顾长声的《从马礼逊到司徒雷登》。写序言,忌套语,忌溢美,要写点切实而有意义的话,却也不容易。所以有些序言我都婉辞了。

"辛亥史"锣鼓打起来了,我想必须努力以赴,不花较大的精力是很难完成这样一部大书的。

你说到日本石田米子的话,我是受之有愧的。前不久,齐赫文斯基在访问上海历史研究所时,说到他们把日译我编的《中国近代史》转译为俄文本了。他们为什么对这部汇集的书发生兴趣?我看可能是由于正统观念比较合他们的胃口。

《八十年》,出版社说十二月可以出书,三校样我没有再看,总觉得自己还少做了一件事。序言在《人民日报》发表后,许多同志都问到书什么时候出来。十月份《新华文摘》又转载了序言。我担心名不符实。

今年,我放弃了几次讨论会,仍参加了四次会,花去了许多时间。十一月十九日在西安举行的"中国思想文化史"讨论会,邀我去,我仍准备去,因为前此从未去过西安,作为一个史学工作者,垂暮之年还没有去西安一趟,似乎不好交待。

同儿分配在曹杨二中教历史,教三两年书后,有机会再转合适的单位,知注并告。

专此即候

时祉

陈旭麓

1983 年 11 月 6 日

（五）

云山同志：

三十日信收到，你在西安感冒不适，现想已霍然。

关于《近代史研究》编辑部借调事，我已写信给宋士堂同志，把你的意愿转告他们了，请他们专函杭大联系。

维新派作群学，后来广泛使用社会学一词是由日本而来，我将在看清样时补上梁启超的话。

十元钱根本用不上汇寄，已收到。

即祝

时祉

旭麓

1983 年 12 月 3 日

（六）

云山同志：

许久没给你写信，近来工作情况如何，时在念中。去年在西安时,《近代史研究》要你去帮忙的事,之后宋士堂给我来信说将去函你校商调,不知有否进行及进行的结果怎样?《八十年》十一万部,没有想到三个月就脱售了,现正在分头检查差错,六月份再印,据张臻说,可能要印至五十万部。又好几位同志见此书体例,想续《五四后三十年》,出版社意思,不如我们自己来续,近日已在商量执笔人(熟悉"五四"以后历史的)。将来就可合订为《近代中国》。师大新班子已宣布,系一级尚在进行。

即此,祝

春祺

旭麓

1984年2月26日

(七)

云山同志:

三月四日来信读后,我感到你工作一个接一个,弦绷得太紧了,要适当放松一点。

《八十年》增印前,一些明显的差错必须挖改。我把它放在床头,每晚躺上床时看一二十页。一些不太妥当的话,不是一句两句,很难尽改,因为这次增印不能动版面。

《五四后三十年》,前几天出版社约了几位同志讨论了撰写要求,四月初搞出提纲来,希望今年十月写出初稿,这本书的目的在于使"八十年"和"三十年"合轨,实现久想编撰一部完整的近代史。

目前我手边要看的东西成堆,有中型历史词典词目、人名词典词目、汉冶萍资料等。还有为政教系"近代哲学史进修班"上课,预备讲八九讲,每讲两至三小时,颇有穷于应付之感。

"辛亥革命史",出版社在促进,还是要上马的。上次沈渭滨将提纲寄给我,我不知搞到什么地方去了,现沈在重拟。

祝好!

旭麓

1984年3月8日

(八)

云山同志:

正想买较好的新茶,你交傅绍昌同志捎来的了云和惠民茶,色香味都很好,心领。

二十二日、二十五日来信均已读悉。

陶成章传稿既然如此,恰好近代史丛书要为"祖国丛书"让路,不再发展,陶传也就可以婉言作罢了。

关于"辛亥史",沈渭滨、何泽福等手头都有多种任务,不暇顾及,事实上今年不可能上马,明年再说吧!你的情况我已和沈渭滨讲过。

《秋瑾评传》，你趁热打铁能于国庆时完稿，甚好。"序言"在全稿写成后草就寄我可也。

月初我在南京开会，江苏人民出版社同志一再找我恳谈，以民国建都南京，民国的档案资料也在南京，江苏人民出版社理应出民国史及资料，并以李新同志主编的"民国史卷帙太大，五百万字，何时能完成未可知"，他们想编撰一部一百五六十万字的民国史，要我承担这个任务，和茅家琦同志合作。我因手中有几样工作，能力有限，很难再任艰巨。他们却期望很殷，我未便固辞，答返沪考虑后再告。昨天来函，他们的总编辑将于六月中旬来沪面议。我尚在犹豫中，但因此可以无保留地使用第二档案馆的资料，对我是很有吸引力的。不知你以为如何？

又，湖南专函谈及湖南社会科学院院长汪澍白同志将他调，汪和副院长杨慎之同志联名向省长刘正同志推荐我去承之，刘同意后已向省委提名。并说他们将来沪劝驾。这事有点突然，不予考虑，因为我的年龄已出线，球应由年富力强的同志去发；而且上海方面也未必同意，这种慎重是必要的。继而和有的同志商量，如果上海和师大的领导允许，我请假去湖南两三年，为他们安排新人过渡，而我暂时也可以脱离这里的是非，换换空气，未尝不好。这些只是自己的想法，听候师大党委的决定。所以我还没有给湖南回信。其实，一切职权的事对我已成过眼云烟，重要的是在有限的岁月里,完成我想写的东西。以上均想听听你的意见。

即此,祝

时祉　并候

普森、世培同志

陈旭麓

1984 年 5 月 30 日

(九)

云山同志:

二十三日和前此的一封信均收到。"丛书"十几个人物传独你的《秋瑾》得奖,并给我寄来了奖状。十分高兴。

最近我这里的小小研究室,除我的《论"中体西用"》,历史研究创刊卅周年给优秀论文奖外,我主编的《近代史词典》、顾长声先生的《传教士与近代中国》与黄逸平同志的一篇论文均获得上海高校文科论著奖,这虽谈不上有什么贡献,究竟是一种值得欢迎的鼓励。

湖南方面又有信来,催促表态,我在犹豫中,党委书记明确表示不同意。"民国史"一事,江苏人民出版社总编辑高纪言同志上周专程来访,虽已允考虑,但组织力量不易。不久前,教育部教材编辑办公室同志来家,要我编写 1840—1949 年近史高校教科书,我未允。手头的事情已应付不了,颇烦。

旭麓

1984年6月28日

（十）

云山同志：

八月卅一日信读悉。

潘振平和林增平先生自杭州开清史编辑会后相继来此，均谈及你对他们开会的张罗。这些年来每听到你的工作成绩和别人对你的评许，我都十分高兴，犹同身受。只觉得你现在太累了，需要自己掌握。

八月二十三至二十九日，我参加了师大廿一级以上干部的整党学习，就"彻底否定'文化大革命'"的要求，我在系内大组交流会上检查了"文革"中的错误。当然到正式整党时还要检查。这是应该的，我早有思想准备。前此我之不愿多说，对某些人的挑剔有抵触。现在我想一切尽其在我，该检查的都检查到，至于别人的议论，有则承认，否则不理。只有一个念头，赶快结束这一段公案，集中精力去做点事。

关于去湖南的事，学校当然是不答应，已作罢论。写"民国史"的事，我虽然口头接受了，但如何组织人力，如何编订计划，三个月过去了，迄未着手。到底上不上马，仍在徘徊中，因为人手不足，自己的精力也怕不继了。更怕的是准备已久也是你们所关心的"新陈代谢"会给冲掉了。最近当作出抉择来，很可能是接受你和潘振平等的意见。

九月下旬，在威海举行的"甲午九十周年讨论会"，准备赴会，看看威海风光。即此，祝

教祺

陈旭麓
1984年9月4日

（十一）

云山同志：

两次来信都收到了。因为这一阵在参加会党讨论后，忙着批阅研究生的毕业论文和给人审阅一部近四十万字的长稿，以及其他杂乱的事，所以没有给你回信。

十一月一日将去郑州出席那里的近代文化史讨论会，会后，即由郑州去北京参加军事科学院百科近代军史条目的审稿会，要到月底才能回上海。这两个会是原先约好的，且有些工作关系，不能不去。其他如福州的中法战争纪念讨论会、南宁的西南军阀史研究会、广州的中山大学六十周年国际学术讨论会等，都放弃不去了。因此，光复会八十周年纪念会，虽近在杭州也难以赴会了。今上午已复信胡国枢同志，谢谢他的盛情。好在何泽福同志已寄出文章，定来

参加,他也可以作我的代表。

你一再关心的事,看来已有转机,新党委似有心解决,提出从团结的愿望出发。我在整党学习会上已谈了前些年的基本情况,正式整党时(十二月)将听听大家的意见,再作些对照检查,无非如此罢。至于别人还有做文章,则听候党委的裁判。正如你说的,怎样尽快了结,把不太多的岁月搞点学问。

我在会党讨论会上作了半小时的发言,主要说要从社会史的角度研究会党,与会者颇感兴趣。我将尽可能在开会的隙缝中挤出时间整理出一篇稿子来,对会党的研究或可起点促进作用。

我们这里的情况,何泽福来杭时会详细告诉你,这里就不多说了。即此,祝

近祉

陈旭麓

1984 年 10 月 29 日

(十二)

云山同志:

由金普森同志捎来的信与桔子都收到了,谢谢你的惦记。

这里已于十一月进入整党,为了服从整党,西安的文史

教材规划会我已放弃赴会的邀请,所以金普森同志仍是独自前往的。

教育部发的文史教材编著表,以我名义列入了三种书,全是师大出版社闻风上报的,我看了报才知道。我已托金普森同志向会上说明,只有近代史一项可以考虑承担。"新陈代谢"说了很久,迄今仅有不完全的记录稿,要成书还得付出很大力量。而目前手边急待处理的东西仍很多。尽管如此,你的《秋瑾传》稿我是应当看的,你寄来吧!

《近代史思辨录》已收到样书,大批书到后当寄给你与赵世培同志为纪念。从金普森同志口中获悉世培近况,为之欣然。我将另写信给他。即祝

教祺

陈旭麓
1984 年 12 月 9 日

(十三)

云山同志:

十三日信前两天就收到了。

法国巴斯蒂教授,去年访问上海时来华东师大与我谈过较长时间的话,她说六十年代她曾来华东师大从"牛棚"里把我找出来见过面,可我对这次见面的记忆已很模糊了。两个月前法国巴黎大学教授、现代中国研究及资料中心主

任白吉尔曾专程来师大访问我,也是女性,我向她问及巴斯蒂。关于向巴斯蒂推荐你去法国讲学的信,不论其效果如何,我都乐意写。但我想略待半月,等广州的《近代史思辨录》到后,我把书和推荐信一并寄去,可能更好些。

金普森同志想已返杭,西安文史教材讨论会的情况,请他得暇函知一二。即候

教祉

陈旭麓

1984年12月17日

(十四)

云山同志:

一月八日的信读后是颇有些感触的,因忙着为校内校外和外地许多同志的职称审阅论著写评语,信也就权且搁下未回。

《秋瑾评传》及序言已于昨天挂号寄出。这些日子有三个半天整党,限定时间阅改的东西又多,颇感忙乱。所以对《评传》看得不仔细,提不出多少意见,只是在随阅中删改了些字句,仍觉歌颂词汇缺乏变化,不免重沓,特别是说诗的那部分,请你再润色一下。序言,我在你写的基础上重写了一遍,用了点心思,但也没有来得反复琢磨,未知适当否,亦请你与陈德禾同志修改。

你关心我的职称一事,我已味同嚼蜡,亦视之如鸡肋,早已不愿问闻。但最近听说系里和校部将连同申请招收博士研究生上报,事情到底怎样,我一任其自然,决不向任何人乞求,亦不欲为此事与他们再说一句话。古往今来这种排斥的事太多了,也实在太下作了。

《思辨录》已由广州寄来一批,赠给巴斯蒂的书及推荐信,将于明天弄好寄巴黎,勿念。由于广州寄来的书不够分配,你及普森、世培等同志只好略后寄赠。书并没有多大参考价值,可视为纪念品。

金普森同志告诉西安文史教材规划会的信早收到,我不另写信,请你向他代致谢忱。

余情续叙。即候

时祉

陈旭麓
1985 年 1 月 16 日

(十五)

云山同志:

序言除你改的几处外,我又改了几个字句,现填好附来,仍由你寄给河南人民出版社。法国的信已发出。

这里的整党,"彻底否定'文化大革命'"阶段已过去,昨天我在系里作了一次检查。即候

时祉

陈旭麓

1985年1月27日

（十六）

云山同志：

上周发寄四本书，除你的一本外，其他三本分送程融矩、金普森、赵世培同志，想已转交。程融矩同志去年来访，谈及他离休后要研究近代史，所以送这么一本书。

正在成都召开反洋教讨论会，原来我准备赴会，旋因《中国人名大辞典》要集中完稿，我负责的近代部分有2 400条，五月底要完成，成都之行因而中止。五月在长沙召开的蔡和森九十周年纪念讨论会邀我去，也不去了。上半年不外出。

这里整党已进入对照检查阶段。据说我在"文革"中的事已经调查清楚，已见分晓，详情续告。

法国有无回信，念念。祝

教祺

陈旭麓

1985年4月22日

(十七)

云山同志:

五月十四日信读悉。

你对《思辨录》中一些错讹的订正,足见你阅书的认真态度。这些错讹有的是我没有校对出来的,有的是校对出来而没有改正的,也有是我一直弄错的,如"岂因祸福避趋之",我总把"避"字记作"遽"字,且不知是从什么时候记错的。我已把你的订正记在《思辨录》的自留本上。

这里应告诉你关注的一件事:我在"文革"中的悬案,最近总支和党委经过反复调查,得出结论是"一般问题",经过党委讨论,并已在历史系党员会上宣布。这个结论本来在 1977 年写作组的清查运动中已经有了,但是不为有些人所理解,以致折腾了我七八年。党的"实事求是"精神终究是最有生命力的。

《中国人名大辞典》的定稿工作还没有搞完,正在赶,约在两周内赶完。余续叙。即候
教祺

陈旭麓
1985 年 5 月 19 日

(十八)

云山同志：

六月四日信收到了，由虞宝棠同志捎来的茶叶已先期收到了。浙江产茶，你不是茶农，老要你供给茶，有点说不过去。

这次嵊县的王金发讨论会，你参加外，还有何泽福、陈梅龙和竺柏松都参加了。学术活动渐渐以中年同志为主体，这是好现象。近两年来的其他学术活动也大抵如此。

华东师大出版社要编一套"中国近代文学史资料丛书"，按人头编。我推荐了九个人参加编，你编"秋瑾文学资料"。知道你忙，但对秋瑾是驾轻就熟的，编起来不太费力。希同意。附计划一份，以后由出版社和你联系。

你对悬案的结语，比我自己想得还深。我想有一个说法，不再纠缠就很好了。但有人的胃口很大，不甘心这个结果，还在上告呢！

盛档《汉冶萍资料》已印出第一卷，为你备好一本，使人带来。即此祝近祉。

陈旭麓
1985年6月7日

（十九）

云山同志：

七月二十九日的信收到了。得悉你与世培均已搬入新的宿舍，居住条件宽裕了，亦一喜事，下次我来杭州就可以上你们的新居了。

师大出版社要搞"近代文学家丛书"，上次催得很紧，请我介绍人，我把名单开给他们后，他们却又松下来了。此事无太大意义，我问问他们再说。

教育部文科教材办公室嘱推荐人编近代政治制度史，我去函说了我的意见，迄未收到回信。不知是因为教育委员会人事变动的关系还是别有考虑，只有略候时日，总可得其底细。

这里的事一切听其自然，带博士研究生上报与否，我未去打听。整别人虽已黔驴技穷，但捣鬼仍未必死心。匆匆。即候时祺

陈旭麓
1985 年 8 月 2 日

（二十）

云山同志：

许久未给你写信，听说你很忙，这是意中事。

今年我很少外出，只是八月下旬去兰州参加了"洋务"会，目的不在开会，想趁便去敦煌跑一趟，以了多年向往之愿，但未去成，颇为扫兴。十一月间，有六处讨论会、纪念会和审稿会约我去，我打算只参加长沙纪念左宗棠逝世百周年的讨论会和湘潭师范学院的成立会。因为上半年湖南有两次会我都未去，这回不好爽约了。

目前我正在为"五四后政治思想史"稿审改，约在下月初完成，以后就是出版社的事了，我就算交了差。不过接下来还有两部稿子待处理，真麻烦！

上年所谈"近代政治制度史"一事，我在兰州碰到教育部的同志，说及复旦大学承担写一部自古到今的政治制度史，把原来设想的近代政治制度史也纳入了他们的计划，以致教育部向我征询后的建议落空。我想，你如有志于此，在讲授政治思想史的同时，也注意政治制度的演变，积累资料，可以单独写一部半封建半殖民地社会的政治制度史。

上海正在大面积评职称，教授价廉。不知杭州如何，你能否上去，甚念。即问。

时祉

陈旭麓
1985年10月23日

（二十一）

云山同志：

十一月中旬接到你的信后,我就去长沙参加了左宗棠学术讨论会,又去湘潭大学并祝贺湘潭师院成立,本月初才回到上海。那天经过杭州时,想到你可能正在上课,或者在撰稿,因急于返校,也就未能下车见访了。

回校,碰到施亚西同志,谈及秋瑾文学资料迄未找别人,仍请你编撰,希俞允。余不他及。即候

教祺

陈旭麓

1985年12月12日

（二十二）

云山同志：

一月六日信收到了。秋瑾文学资料,要到暑假才能动手,我想没有什么不可,你写封信给施亚西说一说就行了。你问到职称问题,已由系学委会、学科评审组和校学衔委员会通过,不知还有何手续,我不过问,不过一鸡肋罢了。博士研究生申请表已上送,等待评审,有人可能仍会作梗,一任其自然,我不向任何人乞求。六月在杭州举行的章太炎逝世纪念会,我准备参加。同儿原定报考研究生,临到报名

的最后一天,所在中学又不同意,无可奈何。即候

时祉

陈旭麓

1986年1月15日

(二十三)

云山同志:

四月二十五日的信收到了,读后,获悉近况。我时常想给你写信,却又觉没有要事也就停笔了。

六月,杭州的章太炎讨论会,我是想来的。

今年的会很多,大概只能挑选两三个地方去。义和团会、太平天国会、杨度会我都不准备去了。八月在北京的孙中山纪念论文评选会及十一月的纪念会都准备去,前几天,刘大年同志派王玉璞来面约了。昨天接到"台湾历史国际学术会议"筹备会的请柬,邀于十二月去香港参加这个会,如无他故,我拟去。此会请不必与别人谈,因不知能否成行。

这一年约写也想写的两篇文章都未能写,除了每周给研究生和教师上一次课外,应付写序言、写书评花去不少时间,但仍有许多篇挂了号没有写,这已成为我的苦差事。"新陈代谢"一书一拖再拖,至今只有些记录稿,没有集中的时间去完成,暑假以后我无论如何要把精力放到这个上面

来了,否则将成为恨事。最近又因种种关系辞不掉,又套上了《中国革命史》《民国史词典》《现代史词典》三书的主编,虽然都由别人主动,有专人负责,但仍将占去我很多时间。

一月间在西安评审带博士生的会,因有人作梗,我未获通过。现有几个与会人打抱不平,刘大年也在说话,将于五月国务院评审委员会上提出重评。结果如何,尚不可知,我以泰然视之。此事万万不要和别人道。因为人心、人事太可怕了。

我身体尚好,孩子们也都好,请释念。即候

教祺

旭麓

1986年4月28日

(二十四)

云山同志:

上月相聚于望江山宾馆,忽忽月余。本月七日本应去金华,为浙师大评职称,以天热惮于行,乃商请谢天佑同志代劳,谢已事毕返校。

日前,我托人为你买《李鸿章全集》,书款退还,说你是该出版社作者,当寄赠。我想,不久你会收到此书。

近日青岛将开康有为讨论会,原允前往赴会,终以一动不如一静未去。但八月一日在北京会审孙中山纪念会论

文,决定去,论文多,将审阅十余天。返沪时再函叙。祝
暑祺

陈旭麓

1986 年 7 月 19 日

(二十五)

云山同志:

从北京回来已三天了。

这次参加孙中山纪念论文评选者,有汪敬虞、张岂之、李侃、李时岳、林增平、章开沅、胡绳武等十六人。共有论文一百六十余篇(外国人的不在内),入选者六十余篇。评选以文章质量为准,不分地区、不分老少。吴雁南、谢本书等人的文章都未获选,你和胡国枢的文章也未能入选。我虽为你讲了几句,也未能奏效。

"孙中山与光复会"是个老题目,评选人中的胡绳武、金冲及等写过这个题目,如无新史料和新论点,是很难看中的。他们认为你的文字是好的,但此文太平,无新意,此文放在一般刊物上发表未尝不可,拿到国际学术讨论会上就有欠缺了。看来他们的意见还是公允的。他们还稿时会向你说明的。一文的取舍,绝不足以衡量一个人的学识。不过,近现代史这个领域正在发生较大的变化,新的史料、新的论述不断出现,而且受到各种理论的冲击,我们不能兼收

并蓄,却又不能不正视它们,从中吸取养料。

《李鸿章全集》,上海人民出版社没有邮寄,把书送到了我这里,我想有熟人来杭时带给你。

关于博士生事,这次刘大年同志向我说明了情况,京中许多人也是颇为了然的。不赘,即候
暑祺

陈旭麓
1986年8月14日

(二十六)

云山同志:

许久没有写信,仍是在匆忙中度日子。

今天寄出两本书:一本是上海出版社早已放在我处的《李鸿章全集》第一卷;另一本是畅销不衰的《唐诗鉴赏词典》,我原有一本,前些日子人家又赠予一本,特转赠给你,供鉴赏。这书我总想使人带给你,免受包扎的损伤,一直没有碰到这种方便,仍只有包扎邮寄。

我从广东开过孙中山纪念讨论会后,是十一日回上海的。原定便道参加在萍乡的"萍浏醴起义讨论会",因买车票搁误我就没有去了。今天晚上将乘车去北京出席军事科学院的近代军史讨论会,我很不想去,碍于奚原同志的情面,不得不去。回来后再谈。匆匆。祝

时祉

陈旭麓
1986年11月23日

(二十七)

云山同志：

十二月七日的信收阅了。

这次去京参加近代军史讨论会，讨论时参加不多，倒是看了不少论文，把我引向不太熟悉的军史领域，得到了一些未知的知识。

今年下半年我参加外地讨论会的次数较多，耽误了不少时间。十二月十九日还要到香港出席港大举办的"台湾历史国际学术讨论会"，大陆的代表除我外，有汪敬虞、李时岳和厦大台湾史研究所两人。台湾方面也是五位代表，其他则是美国、日本、加拿大、新加坡和香港的学人。会期只有四五天。对我来说，是多年被封闭的一次出口。情况如何，会后回沪函告。

寒假前一月间，你能来沪叙谈，十分企盼。即候
教祺

陈旭麓
1986年12月11日

(二十八)

云山同志:

来信收到。

盼望你能于一月十二、三日来沪,廿一日离春节近,时间太紧促。因为我还要约好几位同志来商量写书的事。你来沪的车旅费可由这里报。

书评好,寄给哪家报刊,未定。

你的《秋瑾评传》,河南寄了序言的稿费,却没有寄书给我,请带一本来。匆匆祝好。

陈旭麓

1987年1月7日

(二十九)

云山同志:

三月十四日的信,阅悉已多日,因正在审读《五四以来政派及其思想》样稿和写序言,未能尽快回信。

关于"新陈代谢",我的构思是:要体现从基础到上层建筑的变迁,不是一般地叙述政治、经济、文化,而是着重于变迁,特别注重观念形态的变化,又要以具体政治、经济、文化体现出来,写成带哲理的历史论著。但又不应该概念化,都要有典型事例说明问题。洋务运动着眼于近代化发端。

我在讲授时,着重讲论点,撰写时必须引证资料。对资料有两点:一、虽是常引的但要典型意义;二、尽可能引用一些不常用的资料。

全书原拟分上下卷,上卷写十二章,现在我想还是写成一卷好。现每周讲一次,已讲到十五章,再讲四五章,四月里讲完,最后一章,拟以"历史的选择"为题,用两三万字概述新民主时期的社会变化。这段历史还是宜粗不宜细。

第一章传统社会,第二章战前社会动向,熊月之已在阅读资料,酝酿写。希望他在五月里写出来。丁凤麟昨天来,说他也在看资料了。沈渭滨去北京命题去了,一个月后才能回沪。大家的努力,今年是可以完成初稿的。

余续叙,即候
近祉

陈旭麓
1987 年 3 月 21 日

(三十)

云山同志:

你托尤天然同志捎来的新茶收到了。年年喝浙江茶,成为我日常生活的一部分。

你处陈邦军报考研究生分数能过线,颇不容易,无奈李华兴同志按思想文化史的要求口试,未能尽满人意被摈。

本来我这里还可以考虑，而李把所有报考资料退至历史系，系里送交学校考生处，考生处寄还你校，到我知道，已无可挽回，一则学校满额了，没有伸缩余地，再则他处也已定局，难以通融了。请你将这情节转告陈邦军。

租界史的讨论约在六月底或七月初，如能脱得开身，熊月之仍盼望你来。

谢天佑同志去得太突然，去得也太早，那天戴家祥、苏渊雷两位八十老人参加遗体告别仪式，我们相顾说"老年送中年"，为之凄然。即候

教祺

陈旭麓
1987年5月22日

（三十一）

云山同志：

六月六日从杭州到宁波，在宁波停留三天，游览了溪口、天童寺、阿育王寺、天一阁和镇海，至镇海的招宝山访察了鸦片战争和中法战争的遗迹。此行偿了游浙东的宿愿，颇尽兴。谢谢金普森同志和你的安排。

回校后，收到金普森同志的信及其论著，其中只有一份表格，信上说限于名额。我想你是不会介意的，只是一二年之差罢了。

"新陈代谢"稿,熊月之的两章已送来,丁凤麟送了一章来,马自毅的一章写得差不多了,沈渭滨的两章在撰写中。七月里拟布置后面的十章。今年下半年和明年上半年集中精力把它弄出来,但总回避不了那些干扰的事情。即此祝好,并候赵世培同志

陈旭麓
1987年6月25日

(三十二)

云山同志:

九月一日的信读悉。

你去内蒙古招生好像是第二次了。内蒙古师大刘钦铭同志去、前年有过通讯联系,他想调出内蒙,未获实现。

八月下旬为了游览张家界风景区,前往天子山(张家界风景区的组成部)参加"近史体系"讨论会,到会者皆中青年,六十以上者只我一个,结果开幕、闭幕都得讲话。不过在那里爬了两天山,踏看奇峰怪石,试试自己的腿脚,倒也为之一振。

你说明朝后期西人东来,即被指为"番鬼"等,可以补入书稿中。各个人分别整理的稿子尚未收齐,我近期将动手修改。

前天寄来两本蒋廷黻著《中国近代史》,你和世培各一

本。此书是建议岳麓书社重印的,书中除了我的前言外,蒋氏在美国的儿子也写了篇短文作跋。书已印出大半年,不但外地未上市,连湖南的书店亦未发行,可能还有顾虑。我要了十多本,分赠给大家。八月二十六日《文汇报》登了我一篇答记者问,在这里颇有反响,寄你一阅。即候

时祉

陈旭麓

1987年9月7日

(三十三)

云山同志:

收到你的信多日。这两周忙于阅改革命史(等待付印)的稿子,其他事情都搁置了。

上次的病是感冒引起的,在华东医院住了二十四天也就恢复过来,尚能顽健如昔。由于我四十年没有进过医院,病讯传开,友好都很关心。

你的工作和赵世培同志对调,这也很好。教研组长有似车间的生产组长,不同于行政工作,领着大家一起搞点业务,于人于己都有益,我历来颇看重这个不入流的职务。

明年我只想约同大家讨论一次稿子,也叙叙旧。能活到八十岁,再做生日未尝不可。刘钦铭同志的处境,颇使人惦念。

十三大开得好,大家很高兴,但由于物价和政治体制改革(党务工作同志不安心),人们心里还有点不踏实。

候

时绥

陈旭麓

1987年12月6日

(三十四)

云山同志:

二月二十五日的信收到了。今年上海的春节,因肝炎袭击,互相拜年比往年少了些,鞭炮声也少得多了。

你不搞行政工作,多有点时间搞学问,给浙师大上点课,甚好。

原拟邀顾先生参加答辩事,他来我家时,将把你的信给他看一下,自然理解。

"新陈代谢"的前四章都在沈渭滨手里,他因患脉管炎,尚未弄好。我阅稿、作序、作文的事仍然摆不开,实在恼人。四五月间要审阅《民国史词典》稿,我想把此事一了,当可集中精力了。

盛宣怀档案资料的《汉冶萍公司》(一)我记得你有的,(二)出来了,我给你留在这里,还有《五四以来政派及其思想》也给你留了一本。将托人捎带。即候

春祺

陈旭麓
1988年3月2日

(三十五)

云山同志：

八月二十日信收到已数日。

两个月来，我一直艰于提笔，先是受困多年未遇的酷暑，动弹不得；后去北京开会，室内空调，室外高温，引起感冒，回到上海又拖了十几天才好。所以这些日子近于"冬眠"，什么也干不了，好些事都搁在那里。

今年出版业呈现极大困难，纷纷退稿，甚至有些已经排版的书也拆版了。现在他们只组能够赚到钱的书稿，一般学术著作都望而却步。费成康的《澳门四百年》早已付排，因只有5400订户，他自己承售4600册，达到售额万册才给他开印。李华兴的思想史稿，与浙江人民出版社联系得较早，可能还有点老交情的关系，虽只有4000订户，仍允予开印，算是幸运了。我想这种情况是暂时的，风浪过去，总会好些。你的思想史稿权且放着，再加充实提高，一两年后总会找到出版机会的。

《河殇》牵涉到几千年的中国历史社会，放映后反响很大，存在不同的看法，前些日子中央电视台重播了一次。不知你注意到了由《河殇》引起的这场思想波澜否？这是一百多年来中西文化争论的继续和深化,很值得治思想文化史者的思考。前一个时候对《红高粱》的争议,同《河殇》一样都是由中西文化的讨论转化而来。

我仍然困于别人的书稿和序言,下决心剪断也剪不断,我的岁月不多了,无论如何从九月开始我要转到自己那部书上来了。即候

时祉

陈旭麓

1988 年 8 月 28 日

（三十六）

云山同志：

研究生贺水金,湖州人。现在写毕业论文,请给予指导帮助。她毕业后很想回浙江工作,如有机会,请予留意。

即候

教祺

陈旭麓

1988 年 9 月 24 日

带来书三本。

（三十七）

云山同志：

　　许久没有给你写信，因为自八月去北京开会之后，我一直在赶会。

　　先是去合肥参加"李鸿章与近代经济"的研讨会，会后游览天柱山，又应安庆师院之邀去了安庆。继往南京参加中国社会史讨论会，回到上海即赶上正在进行的近代军史讨论会，跟下来又是上海师大的会党史讨论会。十一月，本来想至南昌出席资产阶级讨论会，同那里久别的学友会聚，却被邀往广州，在南海、新会和深圳兜了一圈，直至本月二十七日才回来。这是我近年参加研讨会最多讲话也最多的一段日子，朋友们说是我投入学术活动的高潮。尽管身体尚能承担，但花去的时间难以补偿，熊月之、沈渭滨等人很有意见，以后我想不再这样奔驰了。

　　"线索"一文对"五四"的处理，好些同志同你一样不以为然，当然也有赞同的。我的理由在文中说了，容后再思考。续叙。即候

教祺

陈旭麓
1988 年 11 月 29 日

致钟叔河三通

（一）

叔河同志：

　　顷奉大教及郭嵩焘《伦敦与巴黎日记》巨册，为之欣然。

　　郭嵩焘生前与死后都受到不公平的待遇，一二十年前我在教学中即发过感慨。你写的《论郭嵩焘》一洗过去对郭的许多浮言，今又在印行郭全集的基础上将其日记精心整理，并编制多种索引，发先贤的潜德，将大有益于近代思想文化的研究。

　　奉上拙作《近代史思辨录》一本，聊作木瓜之报。此册谈不上著述，雪泥鸿爪，留作友好纪念而已。专此，敬候
恭祺

陈旭麓拜
1984 年 4 月 5 日

（二）

叔河同志：

　　五月廿九日大札奉悉。

　　前读《论郭嵩焘》大作，即想给你写信，因为三十年来我在课堂上讲近史，一讲到郭总要为他鸣不平。前此我的研

究生熊月之写过两三篇评郭的文字,未能尽满人意,拜读大论之后,觉得郭嵩焘从此在近代史上可以站起来了。

　　说来惭愧,嘱改"小凤仙"稿,一直没有腾手去论,原稿也不知压在哪堆书下面了。可否免去此稿。近闻有确实资料证明蔡将军之喉病,为花柳所致,似此,则凤仙姑娘颇难脱离干系。在我看来,这并不能为蔡将军盛德之累。专此布复。敬颂

恭安

陈旭麓

1984年6月3日

(三)

叔河同志:

　　最近去郑州参加近代文化史讨论会,复去北京参加百科近代军史条目审稿会,费时一月,昨天始返沪,获读手书,并湖南出版界来沪代表团招柬,徒以外出相左,未能赴约,既歉且怅,谨向代表团诸公致谢。

　　上年,湖南社科院约我回湘任事,不无迁地之意,徒以老境已增,沪上又不放行,行止终难自抉,事情也就成为过去了。明年湖南如有我能参加的学术讨论会当争

取赴会。

《近代文化史丛书》的第一部书，听说是尊著《走向世界》，那一定是一本受欢迎的著作，当先睹为快。贵体欠和，希珍摄，专此
敬礼

陈旭麓拜
1984 年 11 月 28 日

致左步青八通

（一）

步青同志：

你在成都传来的消息，前此我已经闻到了一点。你的预防针，我想也会包括海建的意见在内，我是很珍视的。此人之如此表态，是为了申请招博士研究生。因为规定要副教授五个人以上才能成为培养博士研究生点。我可以凑成五个人，他不和我合作，既无追随者，也无被批准的把握。这是其人新近的哲学出发点。

昨天总支找我谈了他们花了两个月的深入调查，把悬案弄清楚了，是属于一般性问题，不作结论，不入档案袋。定于十六日（星期四）在系里开一个会宣布，党委书记要来讲话，促进团结。这个结论本来1978年写作组的清查运动就是这样作出的。经过七年的折腾，仍回到原来的地方。我向他们说了一句"这是实事求是的"，但前此为什么做不到这一点，我的代价是由六十岁变成了六十七岁。

这些日子，除了整党之外，我在为《中国人名大辞典》近代部分（2 500条）定稿，每周一至四日在上海大百科招待所。为了早日完工，赶得很紧，所以没有给你写信。有几天我碰到你处的杨川同志，她好像知道我们的关系，问我有没有什么要向你说的。我一时说不上，就问问好吧！

最近外地的好些会我都谢绝了。青岛在六月间要成立康有为研究会,他们邀我去,却有点动心,想让岛上的海风吹去精神上的疲困。不知你们去否?如果能在一起喝青岛啤酒,谈谈九寨沟的险峰,谈谈儒林趣事,也是乐事。

振平、海建处不另写信,请你转告。即祝
恭祺

陈旭麓

1985 年 5 月 12 日

(二)

步青同志:

读五月二十六日信,写海建奔走餐馆的狼狈相,写脱阿姨的仗义解危,是一篇很好的报道。林林姐弟们看了哈哈大笑,大概是笑海建的狼狈。

信中问及这里的儒林动态,虽无捧腹的内容,却也不无耐人玩味的小品。

六月里还有好些麻烦。一是系里的余波。二是六七个研究生的答辩(都是别人的),一堆论文够你看的。三是无法推辞的两篇序言。还有其他。教科书等事要到七月才能部署。

振平、海建处不另写信,请将此信给他们看看。此颂
著祺并候

脱若男同志

陈旭麓
1985年6月3日

（三）

步青同志兄：

你陪夫人游鸡公山后九月一日发来的信，我仔细地读了，是一篇很好的社会史料，有官场现形记，有儒林外史，也有新海上花列传，我把它放在保留信函的抽屉内，如果将来编一本友好信函选辑，比《清稗类抄》还有用。不过，你叨夫人之光，吃了那么多新鲜，看了水库开闸的奔流，又有兜着走的丰富特产，还要说风凉话，当心我告密。

当你乘专艇游水库的日子，我在张家界拄着拐棍爬山，海建和几个研究生护着我。可我有一天从山峰螺旋而下，沿山谷行；两边是危崖奇石，中间是清澈的溪流，这里名沙刀沟，是此行最值得流连的风景点。我连续步行了七个小时，第二天上午继续上腰子山，过了一道险岩，研究生说老了还有点冒险精神，要是茅海建同行，一定反对。可也考验了我的腿脚。

这次，我是为了看山才去湖南开会的。有诗为证：史坛岁岁集群才，酌古论今第几回？虽有痴情填学海，此行却为看山去。花了四百多元差旅费，有假公济私之嫌，却是名正言顺的。九至十二月,还有七个讨论会约我参加,原来想去三个,现在看来只能参加南京的民国史会了,因为这个会是特邀的,会在金陵饭店开,待遇较好,除车票外,不用自己付钱。此会,海建研究民国军史,完全有资格去,事先我没有想到,写论文已来不及了。

上海民革、民盟和史学界筹议已久的"中山学社",十月开成立会,是假"学社"之名,主要想同港台和外籍华人学者联系。要我插一脚,好在开会有专车接送,开会十有九次聚餐,既可图酺酸,也不太劳神,所以乐就了。

我建议岳麓书社重印蒋廷黻的《中国近代史》,我写前言,蒋氏在美国的儿子写了跋,书已印出大半年,上海没有见书,这回问湖南的同行,长沙也不见此书,可能有顾虑,没有上市,我向岳麓要了十几本,前几天我寄出四本分赠你与海建、振平、孔祥吉,书投寄振平处。

林林已调上海侨办宣传处工作,是她爱人的功劳。陈克也由辅导员升为副系主任,是她工作卖力。附闻。即颂

俪安

陈旭麓拜
1987年9月9日

(四)

步青同志:

许久没有给你写信,不知从何说起好,有些原来要说的

话,似乎已经成了历史。

十月在南京参加民国史讨论会,抱病而返,你大概是会听说了的。因为我四十年没有进过医院,素以体健见许于朋友们,这回竟在华东医院住了二十四天,惊动了不少人。回家后,除了接待看望的友好外,就是还信债、稿(阅)债、课债,近一周来是修订革命史稿。这是前年上海市里交下来的任务,我拖着姜义华同志帮忙,主要的工作是他干的,但我仍得以三天阅改一章的速度,要花上二十几天才能搞完,即使如此,仍然是应付差事的急就篇。

振平在师大待了一周,日前回京想已见到你了。上周阮芳纪同志来此,谈得甚畅,九时多来,谈到吃了午饭才走。关于中华书局的事,李侃有难处,老阮谈得很详细。不过大百科给予你的允诺和待遇,还是差强人意的。听说《历史研究》让你走,他们已感到是失策了。老阮说话很痛快,是个可人。

八月在张家界参加近代史线索的讨论,我积累了一些想法,我没有在会上全捅出来,为了备忘,回校写了个草稿,在南京时为南大的近史研究生讲了一次,两周前又给上海师大研究生上课讲了一次。我把草稿给老阮看,他觉得有新意,要我赶快修改整理给《历史研究》,可我被等着付排的革命史稿拖住,只得先集体后个人了。

本月十八日在长沙举行的魏源讨论会,他们还主办近代文化史讲习班,想必是李侃、龚书铎发起的。原来我不打

算去,孩子们也不赞同我去,怕我又带病回来。不过我还是想去一趟,听听大家对近代文化史的高见。即祝

俪安

陈旭麓

1987年12月2日

（五）

步青同志兄：

　　接到正月十五日发来的信,那是三月二日,今天已是三月九日了。读你的信,娓娓道来,如同面谈。虽然早已不是记者,但仍有记者的鼻子和笔的特异功能。启功的门头告白,闻之谁不哈哈大笑,可我做不了逗人欢喜的大熊猫。

　　春节过去了,还得说点春节的话。今年的上海与往年的春节不一样。除夕下了雪,几年不见雪的上海,格外增人情趣,我边看电视边凑了一首诗:"窗外雪花送兔年,电台百戏正争妍。老来不爱'春之舞'（歌舞剧名）,坐对荧屏夜不眠。"给孙女、孙儿压岁的大团结,用酒精擦洗,也是一种情趣。年初一、初二、初三,拜年的人比往年少多了,因为学校下了通知:不团拜,不互拜。但总还有些人要来拜,只是减免了握手沏茶的仪节。

　　肝炎袭击上海,虽没有外面传说的那么恐怖,却也不是小事,姑不说经济损失的巨大,对人们的健康影响是不小的。到底有多少万人患了肝炎,流传二三十万、五六十万、

上百万等数字。华东师大有二百余人进了病房,死了一人,三人报病危。近日大致已控制住了。说来也奇怪,我的儿女媳妇都好吃毛蚶,去年一年却没有买来吃,正如你料想的个个都平安无事。

这些日子,我完成了给《历史研究》的一篇文章外,春节前后的三周,审阅了一个老门生写的《道光皇帝传》三十万字。这个老门生年过半百,是郑云山、丁凤麟的同班同学,以其发展前途不大,没等到毕业就发配去做中学教师,勤勤恳恳舌耕已二十六七个春秋,瞎了一只眼睛,一直不好意思来见我,这次鼓起勇气送稿子请我看,怎能忍心拒绝!为了写序言,倒也使我思考了道光是个怎样的皇帝。我说他既不英武,也不昏庸,是一个勤政图治而无显著治绩的皇帝,比许多瘟皇帝好。但他的两只脚随着五口开放进入近代,他的脑袋仍留在中世纪。这几天,我又在为施宣圆卖苦力。你大概看到了《文汇报》上的"中国文化之谜"的专栏,后来印了四个专辑,三次请我写序言,我都坚辞了。现在他们又把五百多篇已发和未发的稿子辑成《中国文化之谜大观》,由河南人民出版社出版,又来要我写序言,实在难于推辞了,因为我也有求人的时候。不过我借此发挥了一通"反思,也需要一点反反思"的议论。到此,我想可以刹住了,已拒绝十来部书请写书评的要求。

汤一介搞的北京文化书院,据说从海外募到了五百万美元,买了四栋房子、四辆小车,把北京的文化名人都网罗了进来，优予礼遇，很有势头。上海不甘落后，由王元化、冯契牵头筹建"中西哲学和文化比较研究会"，将募集基金，使之成为实体。聘请周谷城、于光远、李锐诸公为顾问。已经上海市委批准。要我参加他们的理事会，我虽无附骥之心，但不无共鸣的愿望。

今下午和明天后天，上海市召开"理论工作座谈会"，探讨十年来的理论战线上的问题，我已多年不参加这类"正规"的会，去听听，受点启示，或不至失望。

海建、振平夫妇对你和脱若男同志的颖聚，惜我未能同享。前两天接到刘世龙的信，说他于八日飞京修订新名词词典，他是又一个潘振平、茅海建，一定会来拜望你的。

筹议已久的租界讨论会，外交部怕涉及外交政策，不同意请洋人参加，还是决定于七月召开，关起大门自己讨论。熊月之说一定要请你和潘、茅都参加。

上海近来买不到火柴，因为传说火柴要由四分涨至九分一包，大家为五分钱而抢购。报上辟谣，说上海一天生产的火柴可供一个月用，但今天仍买不着。说了一大堆，就此打住吧！祝

俪安

陈旭麓

1988年3月9日

（六）

步青同志：

　　许久没有给你写信，也没有收到你的信，若有所失。前几天，唐克敏（研究生）来北京，查阅撰写论文的资料，我要他见到振平、海建后去拜访你。唐会是你欢喜的人，他已被上海人民出版社看中，从北京回来即去该社报到，论文在工作岗位上完成，明年六月回校答辩，是研究生中的别出一格。

　　这几个月，我没有出远门，只是在上海所属范围内转，去青浦一趟，讨论青浦县志，陈云想在生前看到新县志，所以赶速完稿。去无锡一趟，参加薛福成诞生150周年纪念会，要编《薛福成全集》，我说没有几万元的编辑费和出版费办不了。

　　为了审阅《民国史词典》条目，五至六月，每周三天去上海人民出版社，好在有车子接送，每饭也有鱼虾，我就不像冯骥那样叹苦经了。除唐克敏外，上海人民出版社还要了我今年毕业的一名研究生，现在研究生找工作也不那么容易，所以我要为该出版社卖苦力。

　　海建虽有意去近史所，后无消息，十分系念。

　　去年一年来至北京，史学会近有通知，今年原定四月的会议在七月开，届时我或来赴会。即祝

俪安

陈旭麓
1988年5月20日

（七）

步青同志兄：

本月二十日前后两信都拜悉了。

七月初的租界讨论会,因公费限制好些朋友都不能来,你是一个,黎澍同志夫妇想来,就是车旅费没有着落而罢。不过到会的人可能仍不少。海建、振平如能来,甚好。

入六月以来,一直忙于研究生论文答辩,连同自己的、校内的、校外的和北京的,共有十七篇之多,还有两篇未了。对有的论文我狠了一下,下次他就不会再找我了。

《清代皇帝传略》拖稿未交的竟是几个年富力强的原议人,当逼索,你可出示黄牌。

七月下旬来北京,正是酷暑时候,不想去任何地方玩,只想躺在有空调的室内谈谈山海经。专复,敬候

脱若男局长好

陈旭麓

1988 年 6 月 26 日

（八）

步青同志：

收到你从北戴河畅游后返京的信,使我好像也领略了北戴河的楼台和潮声。

真是寒儒享受不了贵福，开会在京西宾馆住的那几天因室内空调，与室外温差悬殊，闹感冒，回到上海还拖了十几天才好。七月高热，我很想在家里装空调，遭到女儿们反对，这一下更给她们以口实了。

在京时，你要我向振平、海建催清朝皇帝的稿子，是一件随口可说的事。可我碰到他们，他们一来到我的房子里，就聊其他的事，多为清谈，却忘记了这件应说的事。现在我只好在写此信的同时，另函振平并要他向海建、祥吉催稿，以补前此之失。

自从北戴河会议传出放开价格之后，上海一片抢购声，连草纸、白糖也被抢购一空。三日我回沪的那天，叫出租汽车，索30元，我还价，他说：先生，只有三包香烟。我说我一个月也只有30包香烟。这个烟价并不指外烟，上海的中华牌烟也是九元一包了，外地烟摊上还要高。上海市委号召要党员莫去抢购，其实官爷的手特别快。这种情况，恐是全国一盘棋。

不多说了。信封上画的两个头的红蚯蚓，是我孙孙的杰作。祝健康，并候
若男同志

陈旭麓
1988年8月28日

附录

陈旭麓先生著述系年

《云台二十八将论赞》,载《孔道期刊》1936年第8、9合刊。
《初中本国史》,贵阳文通书局1942年版。
《司马迁的历史观》,载《贵州日报》1942年7月24日。
《论当前县立中学的几个问题》,载《贵州日报》1943年8月4日。
《目击者》,载《民主报》1946年。
《江上秋风》,载《大夏周报》第23卷第1期,1946年。
《读书偶拾》,载《大夏周报》第23卷第2期,1946年。
《大夏大学内迁十年纪事》,载《大夏周报》第23卷第3期,1946年。
《我们向哪条路走?》,载《观察》第2卷第21期,1947年7月19日。
《戊戌维新论》,载《展望》1947年7月31日。
《中国还需要革命》,载《时与文》1947年第4期。
《论学术独立》,载《时与文》第2卷第24期,1947年12月12日。
《暑假话大学》,载《大公报》(上海版)1947年8月7日。
《文凭与工作》,载《大夏周报》第23卷第6期,1947年。
《小吴》,载《大夏周报》第24卷第6期,1947年。
《知识分子的道路》,载《鞭半月刊》1948年第1期。
《吊"北京人"》,载《大公报》(香港版)1948年10月8日。
《当前的学生问题》,载《中建》(北平版)第1卷第7期,1948年9月。
《论大学普通必修科的社会科学》,载《中华教育界》复刊第3卷第9期,1949年。
《新教育任务》,载《中华教育界》复刊第3卷第10期,1949年。
《伪装和平比战争还可怕》,载《中建》(综合版)第1卷第1期,

1949年。

《美苏问题》，载《中建》（北平版）第1卷第10期，1948年11月。

《英雄主义的丧钟》，载《启示》新5期，1949年。

《从学习社会发展史到人民大宪章》，载《展望》1949年10月。

《怎样学习社会发展史?》，载《进步青年》第219期，1950年1月。

《怎样从历史认识美帝侵华》，载《大公报》1950年11月23日。

《进步包袱是思想的敌人》，载《大公报》1952年2月6日。

《历史人物评判与历史教学》，载《文汇报》1953年6月23日。

《再谈历史人物评判与历史教学》，载《文汇报》1953年9月1日。

《论历史人物及其阶级》，载《历史教学》1954年第10期。

《辛亥革命》，上海人民出版社1955年版。

《论历史人物评价问题》，新知识出版社1955年版。

《纪念孙中山先生逝世三十周年》，载《解放日报》1955年3月12日。

《人民群众是历史的真正创造者》，载《解放日报》1955年。

《关于辛亥革命教学中的若干问题》，载《华东师范大学学报》1956年第3期。

《论陈天华的爱国民主思想》，载《新建设》1956年第6期。

《孙中山先生与〈民报〉》，载《解放日报》1956年11月15日。

《邹容的〈革命军〉及其思想》，1956年12月。

《邹容与陈天华的思想》，上海人民出版社1957年版。

《"庶人不论"与"庶人议"》，载《解放日报》1957年6月30日。

《从冯道说起》，载《文汇报》1957年12月25日。

《"腹诽"》，载《历史教学问题》1958年第1期。

《论谭嗣同的民主主义思想与改良主义政治实践的矛盾》，载《学术月刊》1958年第1期。

《论"厚今薄古"》,载《历史教学问题》1958年第5期。
《历史教学工作者必须破除迷信》,载《历史教学问题》1958年第7期。
《"两类社会矛盾"学说与历史科学》,载《学术月刊》1958年第7期。
《"五四"前夜的政治思想逆流》,载《中国近代史参考资料》1958年第10期。
《论历史教学与生产劳动结合的问题》,载《历史教学问题》1958年第11期。
《破与立》,载《解放日报》1958年3月15日。
《谈"厚今薄古"》,载《光明日报》1958年4月15日。
《厚今必须薄古》,载《文汇报》1958年4月17日。
《学点历史》,载《学什么?怎样学?》,中国青年出版社1959年版。
《"五四"前夜政治思想的逆流》,载《学术月刊》1959年第2、3、4期。
《清末革命党人的纪年》,载《历史教学问题》1959年第4期。
《论"五四"初期的新文化运动》,载《历史教学问题》1959年第5期。
《关于中国近代史的年限问题》,载《学术月刊》1959年第11期。
《一本关于辛亥革命的新著》,载《人民日报》1960年5月15日。
《清末的新军与辛亥革命》,载《学术月刊》1961年第4期。
《论宋教仁》,载《历史研究》1961年第5期。
《辛亥革命史的分期和研究中的若干问题》,载《学术月刊》1961年第10期。
《辛亥革命前梁启超的思想》,载《光明日报》1961年7月5日、19日。
《辛亥革命后梁启超的思想》,载《文汇报》1961年7月25日、28日。
《进一步开展大学文科的学术活动》,载《文汇报》1961年9月12日。
《辛亥革命的伟大历史意义》,载《解放日报》1961年10月6日。

《寓褒贬　别善恶——读吴玉章同志的〈辛亥革命〉》，载《人民日报》1961年12月6日。

《中国新民主主义革命时期通史》（四卷本，参加编写），人民出版社1962年版。

《论冯桂芬的思想》，载《学术月刊》1962年第3期。

《论阶级观点和历史观点的统一》，载《解放日报》1962年3月27日。

《一本有价值的辛亥革命地区史料》，载《文汇报》1962年9月18日。

《略论对历史人物的翻案》，载《文汇报》1962年12月2日。

《论"史论"》，载《学术月刊》1963年第6期。

《〈略论对历史人物的翻案〉一文的重要更正》，载《文汇报》1963年1月16日。

《"神道"与"圣道"》，载《解放日报》1963年12月15日。

《关于〈校邠庐抗议〉一书》，载《新建设》1964年第2期。

《对什么是历史主义的一点看法》，载《光明日报》1964年4月8日。

《诱降劝降阴谋的大破产》，载《解放日报》1965年8月29日。

《戊戌变法》，上海人民出版社1972年版。

《"九州生气恃风雷"》，载《龚自珍集》，上海人民出版社1974年版。

《邹容》，上海人民出版社1976年版。

《李贽与"水浒"》，载《〈水浒〉评论集》，上海人民出版社1976年版。

《漫谈学习中国近代史》，载《书林》1979年第2期。

《〈李秀成供〉原稿释疑》，载《上海师范大学学报》1979年第4期。

《也谈杨度》，载《光明日报》1979年3月13日。

《历史转折年代的光辉形象》，载《文汇报》1979年11月16日。

《章太炎传略》，载《民国人物传》，中华书局1980年版。

《农民起义与人口问题》，载《中国农民战争史研究集刊》（一），上海人民出版社 1980 年版。

《为宪法流血的第一人》,载《辛亥革命丛刊》1980 年第 1 辑,中华书局;《宋教仁集》,中华书局 1981 年版。

《中国近代史上的革命与改良》,载《历史研究》1980 年第 6 期。

《中国近代史上的爱国与卖国》,载《光明日报》1980 年 1 月 8 日。

《不是谜的"谜"》,载《文汇报》1980 年 7 月 25 日。

《光绪略论》,载《文汇报》1980 年 10 月 27 日。

《〈传教士与近代中国〉序言》,载《传教士与近代中国》,上海人民出版社 1981 年版;《文汇报》1981 年 5 月 11 日。

《孙中山与中国共产党》,载《党的生活丛刊》1981 年第 5 期;《孙中山研究论文集》(上),四川人民出版社 1986 年版。

《难酬蹈海亦英雄》,载《新湘评论》1981 年第 5 期。

《廖仲恺之死》,载《青年报》1981 年 4 月 17 日。

《天上人间》,载《光明日报》1981 年 9 月 3 日。

《孙中山与鲁迅》,载《解放日报》1981 年 9 月 3 日。

《小凤仙其人》,载《文汇报》1981 年 11 月 23 日。

《〈中国近代史词典〉前言》,载《中国近代史词典》,上海辞书出版社 1982 年版。

《论"中体西用"》,载《历史研究》1982 年第 5 期。

《辨"夷""洋"》,载《光明日报》1982 年 12 月 15 日。

《〈国民日日报〉评述》,载《辛亥革命时期期刊介绍》(一),人民出版社 1982 年版。

《简释〈金粉泪〉五十六首》,载《中共党史资料》1982 年第 4 辑,中共中央党校出版社。

《我对瞿秋白的认识》,1982 年。

《漫谈写历史人物》,1982年。

《宋教仁传略》,载《清代人物传稿》下编第3卷,辽宁人民出版社1983年版。

《军阀与近代中国社会》,载《西南军阀史研究丛刊》第2辑,四川人民出版社1983年版。

《〈瞿秋白年谱〉序言》,载《瞿秋白年谱》,广东人民出版社1983年版。

《写在〈中国近代史词典〉出版之后》,载《辞书书讯》1983年3月1日。

《〈近代中国八十年〉前言》,载《人民日报》1983年8月5日;《近代中国八十年》,上海人民出版社1983年版。

《康有为的爱国维新精神》,载《南方日报》1983年10月3日。

《近代阶级与历史步伐》,1983年。

《对洋务与洋务派进一解》,1983年。

《近代史思辨录》,广东人民出版社1984年版。

《宋教仁》(与人合作),江苏古籍出版社1984年版。

《论第一次国共合作的历史必要性》,载《中国国民党"一大"六十周年纪念论文集》,中国社会科学出版社1984年版。

《桃源渔父宋教仁》,载《辛亥革命在湖南论文集》,湖南人民出版社1984年版。

《戊戌时期维新派的社会观》,载《近代史研究》1984年第2期。

《谈近代人物研究》,1984年。

《邹容与陈天华》,上海人民出版社1985年版。

《香山路孙中山故居》,载《上海风物志》,上海文化出版社1985年版。

《〈孙中山社会科学思想研究〉序言》,载《孙中山社会科学思想研究》,安徽人民出版社1985年版。

《日本的明治维新与中国的戊戌维新为何一成一败》,载《书林》1985

年第 2 期。

《论革命派与立宪派的同一性》,载《江海学刊》1985 年第 3 期。

《中国近代史上的爱国主义》,载《求索》1985 年第 3 期。

《秘密会党与中国社会》,载《学术月刊》1985 年第 10 期。

《献给上海文化发展战略的书》,载《解放日报》1985 年 9 月 9 日。

《颂〈祖国丛书〉》,载《文汇报》1985 年 11 月 18 日。

《一与多　体与用》,1985 年。

《民主思想的长卷》,载《中国近代民主思想史》,上海人民出版社 1986 年版。

《〈秋瑾评传〉序》,载《秋瑾评传》,河南教育出版社 1986 年版。

《〈洋务运动新论〉序》,载《洋务运动新论》,湖南人民出版社 1986 年版。

《〈苏兆征传〉序》,载《苏兆征传》,上海人民出版社 1986 年版。

《〈中国革命史纲〉前言》,载《中国革命史纲》,上海交通大学出版社 1986 年版。

《对于中国革命史的悬想》,载《革命史资料》1986 年第 3 期,上海人民出版社。

《说"海派"》,载《解放日报》1986 年 3 月 5 日。

《实笔写真人》,载《文汇报》1986 年 4 月 22 日。

《众里寻他千百度》,载《新民晚报》1986 年 5 月 6 日。

《湖山情思》,载《湖南日报》1986 年 5 月 18 日。

《中古·近代化·民族惰性》,载《文汇报》1986 年 6 月 16 日;《中国近代史》,岳麓书社 1987 年版。

《从革命中来,为民主而战》,载《解放日报》1986 年 7 月 30 日;《孙中山史事详录(1911—1913)》,天津人民出版社 1986 年版。

《因袭—规抚—创获》,载《解放日报》1986 年 11 月 5 日。

《思潮与政派》,载《五四以来政派及其思想》,上海人民出版社1987年;《革命史资料》1987年第7期,上海人民出版社。

《台湾建省与洋务派》,载《近代台湾的社会发展与民主意识》,香港中华书局1987年版。

《〈近代中国百年史辞典〉序言》,载《近代中国百年史辞典》,浙江人民出版社1987年版。

《〈康有为大传〉序》,载《上海师范大学学报》1987年第3期;《康有为大传》,辽宁人民出版社1988年版。

《上海学刍议》,载《上海大学学报(社会科学版)》1986年第Z1期。

《去忌讳》,载《学术月刊》1987年第9期。

《"小我"与祖国这个"大我"是一体》,载《文汇报》1987年1月20日。

《为〈历史悬案百题〉作序》,载《解放日报》1987年4月1日;《历史悬案百题》,齐鲁书社1987年版。

《"我要回来"》,载《人民日报》1987年5月25日;《澳门四百年》,上海人民出版社1988年版。

《历史·传统·现代化》,载《文汇报》1987年8月26日。

《不必眉毛胡子一把抓》,载《中国电影时报》1987年8月29日。

《中国近代社会新陈代谢的若干问题》,1987年。

《民国的历史和历史的民国(论纲)》,1987年。

《在中国近代军事史学术讨论会上的发言》,载《中国近代军事史论文集》,军事科学出版社1988年版。

《〈中国革命史教程〉前言》,载《中国革命史教程》,上海人民出版社1988年版。

《〈传记文学篇目分类索引〉序》,载《传记文学篇目分类索引》,华东师范大学出版社1988年版。

《在纪念薛福成诞生 150 周年会上的发言》,《无锡文史资料》第 20 辑,1988 年。

《关于中国近代史线索的思考》,载《历史研究》1988 年第 3 期。

《答〈历史学习〉十问》,载《历史学习》1988 年第 3 期。

《中国社会史研究纵横谈》,载《史学情报》1988 年第 4 期。

《发挥史学家的良知》,载《史学理论》1988 年第 4 期。

《史学的苦恼》,载《史学情报》1988 年第 4 期。

《〈中国近代文学丛书〉总序》,载《文史哲》1988 年第 5 期。

《传统·启蒙·中国化》,载《时代与思潮》1988 年创刊号。

《反思,也还要一点反反思》,载《文汇报》1988 年 5 月 24 日;《千古之谜——中国文化史 500 疑案》,中州古籍出版社 1989 年版。

《近代中国和上海租界解析》,载《社会科学报》1988 年 8 月 18 日。

《道光是怎样一个皇帝》,载《人民日报》1988 年 5 月 22 日;《道光传》,辽宁教育出版社 1992 年版。

《李鸿章与中国近代化》,载《文汇报》1988 年 12 月 6 日。

《"戊戌"与启蒙》,载《学术月刊》1988 年第 10 期。

《探原》,1988 年。

《〈五四后三十年〉序言》,载《五四后三十年》,上海人民出版社 1989 年版。

《〈千古之谜大观〉序》,载《千古之谜大观》,河南人民出版社 1989 年版。

《在中国社会史学术讨论上的发言》,载《南京大学学报·中国社会史研究专号》,1988 年。

《〈专制主义统治下的臣民心理〉序言》,载《书林》1989 年第 2 期;《专制主义统治下的臣民心理》,吉林文史出版社 1990 年版。

《论史与志》,载《上海研究论丛》1989 年第 2 期。

《略论中国近代社会史研究》,载《华东师范大学学报》1989年第5期。

《会党与中国近代社会》,载《光明日报》1989年1月4日。

《略论演化中的中国近代文化》,载《人民日报》1989年3月17日。

《陈旭麓学术文存》,上海人民出版社1990年版。

《浮想录》,重庆出版社1991年版。

《近代中国社会的新陈代谢》,上海人民出版社1992年版。

《盛宣怀传略》,载《清代人物传稿》下编第7卷,辽宁人民出版社1993年版。

《中国近代学论略》。

陈旭麓先生主编书目

《中国新民主主义革命时期通史》(四卷本),人民出版社1962年版。
《辞海》(近代史分册),上海辞书出版社1979年版。
《中国近代史丛书》,上海人民出版社。

  《鸦片战争》 1972年
  《太平天国革命》 1973年
  《捻军起义》 1979年
  《第二次鸦片战争》 1972年
  《洋务运动》 1973年
  《中法战争》 1972年
  《甲午中日战争》 1973年
  《戊戌变法》 1972年
  《义和团运动》 1972年
  《辛亥革命》 1972年
  《北洋军阀》 1973年
  《林则徐》 1981年
  《洪秀全》 1978年
  《杨秀清》 1982年
  《洪仁玕》 1982年
  《曾国藩》 1984年
  《翁同龢》 1987年
  《康有为》 1986年
  《谭嗣同》 1975年
  《黄遵宪》
  《薛福成》 1983年

《刘永福》 1986 年

《孙中山》 1980 年

《邹容》 1974 年

《秋瑾》 1980 年

《陈天华》 1982 年

《吴禄贞》 1982 年

《禹之谟》 1984 年

《焦达峰》

《朱执信》 1984 年

《章太炎》 1983 年

《李烈钧》 1986 年

《宋教仁集》（两卷本），中华书局 1981 年版。

《盛宣怀档案资料选辑》，上海人民出版社。

《辛亥革命前后》

《甲午中日战争》（上）

《甲午中日战争》（下）

《汉冶萍公司》

《中国近代史词典》，上海辞书出版社 1982 年版。

《近代中国八十年》，上海人民出版社 1983 年版。

《五四以来政派及其思想》，上海人民出版社 1988 年版。

《中国革命史教程》，上海人民出版社 1988 年版。

《中国近代史》，高等教育出版社 1988 年版。

《五四后三十年》，上海人民出版社 1989 年版。

《中华民国史词典》，上海人民出版社 1990 年版。

《孙中山集外集》，上海人民出版社 1990 年版。

《中国人名大辞典》（历史人物卷）近代人物部分，上海辞书出版社 1990 年版。

陈旭麓先生传略[1]

熊月之

中等身材,浓重的湘音。热情,和蔼,坦诚,耿直。哲人思辨,才士文笔。

生前,其文其人,向为史坛倾重。

身后,其人其文,长为生者慨叹。

他,就是陈旭麓先生。

一、家乡、家世、童年

陈旭麓先生于1918年3月31日(农历二月十九日),诞生在湖南省湘乡县一个名叫白源湾的乡村里。湘乡是大县,有100多万人口,1949年以后为湘乡、双峰二县,先生的故乡划属双峰。故先生籍贯,曰湘乡可,曰双峰亦可。

先生初名修禄,十七八岁时讨厌"修禄"有企求升官发财之意,改为"旭麓"。湖南话修、旭同音。笔名有嗡唵、老陈、林父、陈今、岳山等。先生排行第三,上有一兄,名应禄;一姐,佚名;下有同父异母的两个弟弟,一名省麓,一名星麓。

先生的曾祖父、祖父、父亲均以经商为业。在曾祖父一辈,家境颇为富庶;至父亲一辈,家道中落。先生出世时,南北军阀正在湖南交战,父亲在别人店中帮工,干管账、跑街一类的差事,收入微薄,家中每每入不敷出。先生5岁时,母亲因贫血而去世,那天,先生跟着

---

[1] 本文由陈旭麓先生子女、亲友、学生提供资料,吸取了一些悼念文章的内容,由熊月之执笔写成。文中资料,恕不一一注明来源。

姐姐在田里拾稻穗,噩耗传来,年幼的姐弟俩连稻穗篮子也不要了,急奔回家,哭作一团。母亲的过早去世,给先生的童年带来了极大的不幸,在他幼小的心灵中留下了难以平复的创伤。先生7岁时,其父除给人帮工外,自己也做点小买卖,家境有所好转。

1926年,白源湾开办了小学,先生始入学读书。这个学校只有一个教师,包揽国语、算术、图画、音乐、体操等全部课程。这时湖南农民运动热火朝天,农民协会掌权,斗争土豪劣绅。不久风云突变,农民协会被解散,农运积极分子遭杀害,那所带点新鲜气息的小学不知什么原因也停办了。先生于是转入旧式蒙馆,课本也由"大狗叫,小狗跳"变为"学而时习之"。12岁,先生转入一所高级一些的私塾。私塾设在祠堂里,离家较远,先生住校就读。湘乡是理学之乡,这位私塾先生也是一位理学夫子,他规定学生除了阅读《左传》、《诗经》、古文、唐诗,还要阅读朱熹的《近思录》。在这所私塾读了一段时间以后,先生又相继跟着两个姓王的前清秀才学习。二王皆重词章,先生于是又研读了《昭明文选》。

那时,湘乡一带年轻人的出路主要有三:一是由读书而入仕途;二是略读书后当学徒、经商;三是务农或学一二门手艺以作糊口之资。先生家庭世代经商,父亲自然而然地为先生选择了第二条路。父亲的意思是让儿子读几年书,学会记账、写信,粗通文墨,然后送他到店里习商。不知是由于自幼丧母养成了先生喜欢独立思考的个性,还是由于读了不少诗云子曰,受了传统的鄙商思想的影响,先生这次没有接受父亲为他作出的选择,而是要求继续读书。这时,父亲经商甚为得法,盈利颇丰,家中没有温饱之虞,可以不要儿子觅衣逐食了;再者,父亲见儿子天资聪颖,又肯用功,对他寄予了更高的期望,希望他有朝一日,由读书而做官,荣宗耀祖,因而遂了儿子的心愿。1934年秋,先生离开湘乡,来到湖南的政治、文化中心长沙,继续求学。

二、长沙就读

离开乡村,来到城市,对先生来说,一切都很新鲜。然而先生无暇细细领略省城的都市风光,而是一头埋进书堆,为入学做准备。

长沙自清末以来,便是湖南全省新学中心。这里办有很多新式学校,这些学校除了开设国文、数学等科目外,还开设英文等课程。先生此前所读私塾课程,与这些新式学校相差甚远。因而,先生抓紧时间补习数学与英文。其父还特地为他请了一位兼教英文和数学的教员。几个月后,不知道什么原因,也不知出于什么考虑,先生并没有进入新式学校,而是进了"孔道国学专科学校"。当时,湖南省政府主席何键倡导尊孔读经,孔道国学专科学校之设,大概与他有关。

长沙孔道国学专科学校的校长,是前清翰林彭清黎,教师中出身于前清举人、秀才的也不少。这些教师,大多思想守旧,但就国学而论,不少人又确有造诣。课程设有经学、史学、哲学、小学、地理学、音乐等。哲学课程并不教西洋哲学,而是讲授宋明理学。音乐课不教五线谱,授课乐器也不用钢琴、风琴,而是用古色古香的七弦琴。先生在此学校凡三年。读书之余,常徜徉于湘江之滨,岳麓之巅,熟见近代三湘志士在湖山之间留下的遗迹,遂有追躅前贤之想。他学会了写格律诗,曾与十来个同学组织了一个诗社,名叫"一社",取古书上"天下定于一"的语意。每当三月阳春、十月金秋,三五同学,登岳麓山,游天心阁,骋目畅怀,分韵赋诗。他们曾经出过一本诗集,名《一社集》,石印本。据先生自述,其内容主要是旧体诗,也有文章,多为风花雪月、感时伤世之作。1937年先生离开这个学校后,"一社"

也风流云散了。

在孔道国专就学期间,先生虽然主要接受传统的国学教育,但对当时的新学也不是毫无涉猎。他在泛读群书之时,读了胡适的《中国哲学史大纲》、梁漱溟的《东西文化及其哲学》和陈独秀的《独秀文存》。这些书在30年代算不上最进步书籍,但与先生往日一直研读的经史子集相比,还是足以振聋发聩的。先生日后回忆,他当时是将这些书籍作为新书来读的。

孔道国专倡导国学,也倡导传统的爱国主义。先生就读期间,正值日本帝国主义加强侵略,中国抗日烈火越烧越旺的时期,北平"一二·九"抗日怒涛虽然没有在此校激起巨浪,但爱国主义一直在师生的心中激荡。学校有一位姓赵的教师,是康有为的学生,他每出作文题,不是论历史上的外族入寇,就是以"天下兴亡,匹夫有责"一类命题。先生作文,时常得到其赞赏。有一次,他在先生作文后的批文是一首七言诗,最后两句是"心有阴符谁可授,圯桥坐得到天明",用的是圯上老人与张良的故事,以圯上老人自况,将学生比作张良,由此可见其期待之殷。

正是在这种爱国思想驱使下,1937年底,武汉有一个抗日工作训练班招生,先生闻讯,忙去报考。谁知天不助人,先生一到武汉就病倒了,只好拖着病躯返回长沙,治了十多天才能起床。

1937年底、1938年初,无锡国学专科学校迁到长沙,这所学校主持人是著名教育家唐文治。这时,先生在孔道国专已临近毕业,随之而来的有个文凭价值的问题,因为孔道国专当时在国家教育部并未立案,文凭不吃香,而无锡国专则是立了案的,于是先生决定报考设在长沙的无锡国专。当时共有近50人前往报考,先生的考分,列在前四名,考试主要项目是作文,题目是《易经》上的一句话,先生引经据典,洋洋洒洒,写得相当顺手,唐文治老校长对这位湖南考生很是赏识,特地约他去谈了一次话。先生算是被录取了,由孔道国专学生变成无锡国专学生。谁知,他刚刚在无锡国专上了几天课,另一个机会又向他招手了。这个机会,中止了他在长沙的学习生活,影响了他以后一生的命运。

三、大夏高材生

大夏大学设在上海,抗日战争爆发后先迁庐山,再迁贵阳,大夏在由庐山迁往贵阳的途中,经过长沙。陈旭麓先生通过湘乡同学的介绍,得识大夏大学的秘书长王毓祥。王毓祥当时是民国政府立法委员,名气很大,他欢迎这位才气横溢的青年到大夏读书。于是,先生毅然决定离开长沙,前往贵阳。

1938年,在王毓祥的支持下,陈旭麓先生成了大夏大学文学院中文系学生。先生没有读过新式学校,更无高中文凭。在大夏读了一年以后,国家教育部忽然查出这个学生没有正式中学毕业文凭,勒令大夏将其退学,这时,王毓祥已调重庆工作,帮不上他学生的忙了。大夏大学注册主任(相当于副教务长)蓝春池将先生找去,告诉他:"你已学的成绩完全不作数,再从一年级读起,以同等学力报部。"没有要他退学,已算很宽厚了。先生无奈,只得屈从,但不愿再读中文系,乃转入历史社会系,再从一年级读起。只重文凭,不重才学,在当时是相当盛行的。先生遭此挫折,有何感慨,现在已不得而知,但是先生后来招收研究生,特别重才学而不大重文凭,或许有他的人生感受在内。

先生在大夏大学读书,首尾五年,是个成绩优异、思维活跃的学生。所修课程有哲学、历史、文学、外语等。先生除了学习规定课程外，还博览群书。那时贵阳是抗战后方，对进步书籍的禁锢还不算严厉。先生购买了《论持久战》《资本论》《联共（布）党史》等，他被这些书中的辩证法、唯物论的观点强烈地吸引住了，竟着了迷，与同学交谈，开口就是"否定之否定""对立统一"，闭口就是"生产力""生产关系"。这些在今天已是习惯术语，在当时还是相当时髦的新名词。于是，同学们给他起了个绰号——牛克斯。

由于接触了一些马克思主义，先生对于当时的国民党统治，更为不满。这位湖南青年，性格刚烈，遇到不平之事，每每按捺不住，拍案而起。1941年春，大夏大学发生一起惨案：国民党特务在大夏大学门口，公然向一位姓张的女大学生开枪，她登时倒在血泊中。先生目睹惨案，怒火中烧，立即写了一篇义正辞严的评论文章，贴到壁报上。学校当局如临大敌，急命训导处职员将其撕下，直送国民党贵州省党部，并扬言要严惩作者。很多好心的同学都为先生担心，劝他避避风头，先生硬是宁折不弯。此事后来不了了之，先生也未遭什么不测之祸。事后知道这事让谢六逸先生顶住了。谢六逸是中国著名的文史工作者，当时任大夏大学文学院院长，与贵阳政府官员很熟，他对这位名叫陈旭麓的青年学生相当赏识。

由于成绩优异，先生于1941年9月至1942年7月被贵阳文通书局聘为编辑干事，1942年1月至7月被大夏附中聘请为兼职历史教员。文通书局编辑所所长是谢六逸先生兼任的。在求学与兼职期间，先生利用闲暇时间编撰了一本中学授课教材《初中本国史》，并于1942年10月由文通书局公开出版。不久先生又在一家史学周刊上发表了第一篇学术性论文《司马迁的历史观》，初露其卓异的眼识。这是一个很难驾驭的大题目，先生积多年读《史记》心得，洋洋洒洒，写了3万多字。该文发表以后，老师和同学们纷纷向他竖大拇指，说是:"你不鸣则已,一鸣惊人。"先生自己对这篇文章,一直留有深刻的印象。他晚年多次对学生们说:《司马迁的历史观》题目很大,写作时自己年轻,初生牛犊不怕虎,但事后想起来还是有些后怕的。此外还用笔名写过一些杂文、随笔、读史杂记之类发表在《贵阳日报》的副刊上。

四、颠沛流离,重回大夏

1943年2月,陈旭麓先生在大夏大学学习期满,获得文学学士学位。

毕业了,以后的路怎么走? 这个问题在毕业以前,已萦绕在先生脑际。那正是"同学少年,风华正茂"之时,先生曾与几个同学商议,雄心勃勃地要创办一所中学;也曾设想过创办印刷所。总之,他们想干一番于社会有益的事,而不想经商牟利,也不想混迹官场。这些设想正在酝酿之时,又有一个机会在向先生招手了。

贵阳北部有个修文县,地处贵阳、息烽之间。修文县政府民政科长李铁枝,是湖南人,也是大夏毕业生,他听说陈旭麓等一批人毕业了,而修文县立初中正缺教师,于是介绍先生等人前往任职。先生与杨慕白、李德庆、张孔衢、张雪虹、梅筼、陆鸿逵等一同前往任教,先生任校长,杨慕白任教务主任,其中陆鸿逵为大夏附中毕业的女生,后来成为先生的终身伴侣。先生任修文中学校长仅一个学期便辞职了。其原因有二:一是修文中学地处偏僻之区,几与外界隔绝,没有什么发展前途;二是与修文县国民党党部书记王某关系弄僵了,因他要先生在学校讨论蒋介石的《中国之命运》,遭到先生拒绝,于是他放出空气,说先生是"共党嫌疑"。

1943年夏,先生离贵州回湖南,在湘乡私立起陆中学教书。这时,父亲卧病在家,先生一边教书,一边为父亲治病而奔波,很是疲劳。这年冬天,父亲病逝。1944年春夏,日本侵略军占领长沙,进攻衡阳。先生家乡地处长沙、衡阳之间,日军来前,已被国民党军队搞得鸡犬不宁;日军来后,更烧杀抢掠。家乡住不下去了,先生领着家人,经邵阳,迁到武冈的山门安下。其父在世经商时,与别人合伙经营棉花和棉纱,拆股时分得20来包棉花和两包洋纱,这便是全家逃难的家当。先生本厌恶经商,又不熟悉行情,故所带棉纱并未变卖多少钱,除去旅费、房租、食用,已所剩无几。到1945年3月,眼见全家生活难以为继,先生无可奈何,只得把家人送回湘乡,自己单身一人,出湘西,顺乌江,入四川,在抗日烽火中颠沛辗转,寻求安身立命之道。

从大学毕业到离湘入川。这三年当中,先生几经挫折与磨难,漂泊不定,回想大学时代的书生意气,环顾自己的潦倒困境,深深感慨社会之动荡,命运之多蹇,生活之维艰。在入川船中,先生口占一首题为《乌江船上》的五言诗,表露了自己当时的心迹:

> 杂花犹绕树,江上已春残。
> 水急千寻石,云深两岸山。
> 居民无完服,破屋每三间。
> 休道风光好,西南物力艰。

1945年5月,先生到达重庆。先生入川,本无固定目标,只是为了寻出路,因此,"脚跟无线类转蓬",走到哪里算哪里。他先住在一个同乡人在重庆开的商店里,一边托人寻找工作,一边看看报纸,消磨时光。不久,他经两位大夏同学的介绍,来到赣江中学教书。

赣江中学是旅渝江西同乡会所办的中学,在离重庆市区60里的冷水场,校舍设在一所庙里,学生有300多人。先生在这里的职务是历史教师兼训育主任。当时,形势动荡,校纪萧然,学生中有相当一部分是"袍哥会"的成员,酗酒打架,欺侮女生,无所不为。先生想整顿一下,严厉地训斥高中三年级的几个流氓学生。谁知这一下捅了马蜂窝,被训学生怀恨在心,公然在学校贴出大标语:"打倒陈旭麓。"校方置若罔闻,不予处理。先生一怒之下,毅然辞职,卷起铺盖,返回重庆。

回到重庆,先生回想起那位把自己荐举到大夏大学的王毓祥先生。王毓祥这时已任大夏大学副校长。于是,先生给王毓祥写了一封信,并附寄一首诗,语虽问候,实系自荐。王毓祥本来就很赏识先生的才华,接到信后便立意援用。时为1946年2月,抗日战争已胜利结束,各内迁高校都在办理复员工作,王毓祥正在重庆办理大夏大学返回上海的手续,于是,他把先生找去,委以校长室秘书之职,协助办理大夏返沪工作。至此,先生又与分别三年的母校发生了联系,不同的是:三年前,他是学生;这时,他是职员。

40年代中期的重庆,是中国的政治中心。先生住在这里,每受政治空气感染,思想日趋进步。1946年1月,政治协商会议(即旧政协)在重庆召开。重庆各界为了促使会议成功,每天晚上在沧白堂集会,邀请政协会议代表报告会议进展情况。先生时常前往聆听。王若飞、郭沫若等人的演讲,给先生留下了深刻的印象。国民党当局多次派遣便衣、特务捣乱沧白堂会场,殴打、漫骂会议主持人和演讲人,郭沫若等人便在那里被打伤。先生目睹此情此景,尤愤国民党专制独裁的暗无天日。他日后回忆说:"王若飞同志那胖胖的中等身材,常浮现在我的脑子里,而特务们的怪叫和飞石,更增加了我对国民党的卑视和愤慨。"1946年2月10日,重庆各界万余人在校场口隆重集会,庆祝政治协商会议的成功,国民党当局派遣特务、党棍,冲击会场,抢占主席台,殴伤大会主持人和演讲人李公朴、郭沫若、施复亮、马寅初、章乃器等 60 余人,制造了震动一时的校场口血案。先生那天也在场,目睹当局的暴行,义愤填膺,连夜疾草《目击者》一文,刊诸重庆《民主报》,发抒了一个青年知识分子的爱憎之情。事后,先生原拟以此题材写成专书,并拟定了书名和提纲。书名为《胜利了以后》,提纲共 10 条:(一)胜利的鞭炮;(二)所谓受降;(三)毛泽东到了重庆;(四)双十协定;(五)内战!内战!内战!(六)赫尔利走了;(七)学府的血;(八)政治协商会议;(九)沧白堂与校场口;(十)历史往哪里走。书后来虽然没有写成,但从他拟定的书名和提纲,足见这位热血青年的激愤情怀。

1946 年 9 月,先生随大夏大学的大队返沪人员,由重庆乘船顺流东下。因沿途耽搁,10 月下旬才到上海。从此,这个中国最大的都市,成了先生的第二故乡,他在这里度过一生中的大半年华。

到上海后,先生仍任大夏大学校长办公室秘书。当时有三位秘书,先生的职责是负责联系毕业同学,起草一些普通文稿。当时校长是欧元怀,副校长为王毓祥,欧、王间有矛盾,先生处境不很顺遂。大概在 1947 年初,先生被聘为讲师,讲授中国通史。不久,又被聘为副教授。1949 年 2 月,又兼任圣约翰大学教授。1949 年 5 月,上海解放。1949 年秋季开学,先生以副教授身份在大夏大学讲授社会发展史,同时却任圣约翰大学教授,在圣约翰讲授同样内容。在时人心目中,圣约翰大学名气大、牌子硬,大夏大学则逊其远矣,在彼为教授而在此仅为副教授,于理不通,先生深知这是由于校方欧、王矛盾,影响及己,城门失火,殃及池鱼。

在大夏大学任教期间,先生思想较前更为进步,更为成熟,1946 年 12 月,他参加了中共外围组织——上海大学教授联谊会。他积极参加了反内战、争民主、反美扶日等政治活动。解放前的几年中,他发表了一系列政论文章和政治倾向很强烈的学术文章,如《我们向哪条路走?》《中国还需要革命》《论学术独立》,还有《戊戌维新论》,旨在反对改良主义;《暑假话大学》,揭露大学教育腐败状况;《吊"北京人"》,抨击帝国主义盗取"北京人"头盖骨;《论学生运动》,反对国民党政府镇压学生运动。这些文章多发表在《观察》《时与文》《展望》和《大公报》等报刊上。先生成为那个时候在黑夜中呼唤光明,为新中国催生的知识分子群体的一员。

与此同时,先生还频繁地参与由进步人士和团体组织的各种座谈会,极富针对性地相与探讨国际国内时势,如美苏问题、学生问题等。在这些座谈会上,先生多慷慨陈词,畅抒己见,即使在重病在身未能出席的情况下,先生仍奋笔疾书,针砭时弊,矛头直指腐败的国民党政府。譬如1948年9月《中建》杂志(北平版)在上海邀请一批进步教授座谈"当前的学生问题",这是一个非常敏感的问题,时先生正卧病在床,本可以不表示意见,但他在接到邀请后,毅然在病床上写下并提交了自己的书面意见,其中尖锐地指出:"'当前的学生问题',并不是学生本身真的有什么问题,青年永久是纯洁热情而前进的。问题的症结是在今日政治社会及教育的失调,数十年来的执政者不能辞其责任。我们试回想战前的学生运动,要求国家的独立和自由;'五四'时候的学生运动,要求科学和民主。然而当时也与今日一样认为学生有罪,事实证明到底如何! 陆放翁有句诗:'万事莫如公论久。'我们应该相信这一条定律。"这段话写于国民党政府在全国各地大肆逮捕进步学生事件的过程中,无疑是需要勇气和胆量的,它充分显示了一个青年学者的血性与识见。

解放前夕的上海黑夜沉沉,恐怖万分,国民党当局四处抓人,镇压进步人士。先生因参加进步政治活动，受到了当局的注意。南京三青团主编的报纸攻击大夏大学的进步教师为"群奸"，特辟《大夏群奸谱》，先生被列为第二名。于此可见当局对先生的忌恨。在这种情况下，先生的生活不方便了，一直提携先生的王毓祥副校长，也关照先生要注意安全，不要再到学校办公。先生于是不再住于大夏校园，东过一宿，西躲一夜，过了几个月的"流浪"生活。尽管如此，先生还是积极工作。他联络了一部分要求进步的教师，成立了一个"新民主主义教育研究会"，名为研究教育，实为迎接解放而努力。

1949年5月27日，上海全城解放。黑夜终于过去，先生怀着无比的喜悦和极大的热情，欢迎这个城市的新生。此后，他一边在大夏、圣约翰大学讲授社会发展史和新民主主义革命史，宣传历史唯物主义，一边以工会主席的身份，为大夏大学的改制而奔波忙碌。

五、十七年中

解放以后，先生的命运一直与华东师大联系在一起，他参加了这所大学的筹建，在这所大学里教书育人，从事科学研究。

解放初期，为了适应新的形势需要，中央人民政府决定对全国高等院校进行调整。为了加强师范教育，中央决定以大夏大学和光华大学为基础，成立华东师范大学。1951年暑假以后，华东师范大学筹备委员会成立，先生为筹备委员会委员之一。当时筹备委员总共十多个人。

华东师大成立后，由于教师、职工来自不同单位，难免带来小团体主义和帮派倾向，因此，增进教职员工之间的了解和团结，做好他们的政治思想工作，成为学校的一项重要任务。先生以工会主席的身份，奔走于教职员工的宿舍和办公室之间，为增强他们的凝聚力，做了大量工作。

1951年下半年,华东师大师生按照上级部署,奔赴安徽北部参加土地改革工作。历史、地理两系师生组成独立中队去凤台,先生担任队长。1952年初回校。1953年5月,先生被批准加入中国共产党。以后,先生长期担任校工会主席、历史系副主任、中国近代史教研室主任,后又担任过校研究生处处长,1961年到1965年任校副教务长、党委委员。从1949年到1966年,国家政治运动不断,高等学校几乎每次都被卷入。先生作为一个追求进步的人,作为一个共产党员和党的干部,自然不能置身事外。先是参加土地改革、思想改造,而后是"反右""大跃进",再后是"四清"运动。其中参加"四清"运动用去时间最长,整整一年,1965年9月至1966年8月,在安徽定远县,任工作队队长和工作队党委副书记。

十七年中,先生以一个知名中年历史学家、教育家的锐气,一面长期为本科生、进修生讲授中国通史、社会发展史、中国近代史,并从1955年8月起开始培养研究生,指导研究生班;一面引史抉义,纵横论列,不以饾饤琐碎为贵,一求再现历史的真实于说明历史的脉理之中。在历史学的众多题目上不囿一格,运思于成说之外,常独具眼识,文章累积骎成风格。这十七年中,先生先后发表论文、著作50余种,成绩斐然。具体说来,主要包括如下四个方面:

第一,关于史学理论与方法。先生于1953年发表《历史人物评判与历史教学》《再论历史人物评判与历史教学》;1954年发表《论历史人物及其阶级》;1955年出版专著《论历史人物评价问题》;1958年发表《两类社会矛盾学说与历史科学》;1959年以后发表《略论对历史人物的翻案》《论阶级观点和历史观点的统一》《论"史论"》等。这些文章,以历史事实为依据,以历史唯物主义为指导,多侧面多角度地探讨了史学理论问题，自成一家之言。使先生成为建国初期关于史学理论与方法讨论的重要代表人物。

第二，关于近代思想文化史，这方面的论文有十多篇，多见称于学界。其中《论谭嗣同的民主主义思想与改良主义政治实践的矛盾》，第一次从思想与实践相联系的角度，全面分析表现在谭嗣同身上的内在矛盾，这篇文章在很长时间内被公认为研究谭嗣同思想的代表作。《论冯桂芬的思想》《关于〈校邠庐抗议〉一书——兼论冯桂芬的思想》，是解放后系统研究冯桂芬思想的力作。此两文兼与南京大学王栻先生进行学术争鸣，故在学术界影响更大。《"五四"前夜的政治思想逆流》《论"五四"初期的新文化运动》两文均写于纪念五四运动40周年之际，洋洋数万言，系统研究了民国以后十多年间的思想文化，史料翔实，新见纷呈，是"文革"以前研究民初思想文化的代表作。《辛亥革命前的梁启超思想》《辛亥革命后的梁启超思想》是姐妹篇，是60年代初讨论梁启超思想的争鸣之作。两文在报刊上连载多期，为史坛不多见，故为中外学术界所注目。

第三，关于辛亥革命。50年代以来，先生治学渐以中国近代史为主，致力于垦拓、树造架构，从事实思辨、探求历史存在的由来和去踪，笔涉多面而命意深邃。其中于辛亥革命、中华民国史用力尤勤，在先生的中国近代史研究中，占有特殊的地位，是学界公认的辛亥革命史的重要垦拓者和最早的倡导者。还在1955年，先生便出版了《辛亥革命》专著，这本书虽然不算太厚，但它是新中国成立后第一部在唯物史观指导下撰写的辛亥革命史专著，书中确立的研究辛亥革命的体系，提出的许多观点，为史学界长期援用。1956年，孙中山诞生90周年，先生发表论文《孙中山先生与〈民报〉》。同年，先生发表《论陈天华的爱国民主思想》，这是解放后第一篇系统论述陈天华思想的论文。1957年出版单行本《邹容与陈天华的思想》。1961年是辛亥革命50周年,也是先生撰写、发表关于辛亥革命史论文相当集中的一年。在此前后,他发表了《辛亥革命的伟大历史意义》《毛泽东同志论辛亥革命》《辛亥革命史的分期和研究中的若干问题》《清末的新军与辛亥革命》《论宋教仁》《清末革命党人的纪年》等一系列论文,有的从总体上论述了辛亥革命的历史意义,有的从具体问题探讨辛亥革命的过程、事件、人物,后三文均系创新之作。在很短一段时间里,就同一专题集中发表这么多很有见地的论文,除了表明先生才华出众、功力深厚以外,还反映了他的研究兴趣。先生二十年后回忆说,他当时曾打算写一部多卷本的辛亥革命史,可惜因为忙于他事,未能如愿。

第四,参与主编《新民主主义革命时期通史》。1959年至1961年,先生被国家教育部借调到北京,参加主编《新民主主义革命时期通史》。主编凡五人,另外四人为李新、孙思白、蔡尚思、彭明。工作地点在东厂胡同一号。此处原是民国时代黎元洪的总统府,内有八角亭,系黎的机要会客室。亭子建在一座假山上,绿树环绕,怪石嶙峋。先生等几人便在山上结邻而居,朝夕共处。有时也会结伴出游,驻足长城,泛舟北海。兴致高时,先生每每喜欢吟诗添趣。一次游长城归来,作七律一首,内有"放怀天地神州赤,到眼风光大漠青"之句,孙思白先生赞以"气象豪迈,浑然天成"八字。可见那时先生才思俊逸、心境畅朗。经过两年多的努力,《新民主主义革命时期通史》四卷本终于问世。这部巨著以史料翔实、立论公允、叙述清晰、文笔畅达而著称当时,是全国高等学校的指定教材,也是第一部关于新民主主义时期的多卷本通史,为中国现代史研究奠定了一块厚实的基石,在学术界有深远的影响。1988年此书获国家教委高等学校优秀教材一等奖。通过编写此书,先生与北京的李新、孙思白、彭明等史学家结下了深厚友谊,此后,他们过往频繁,情逾兄弟,历三十年风雨不渝。

六、 在浩劫中挣扎

1966年夏天,"文化大革命"的狂风恶浪,给陈旭麓先生带来了巨大的灾难。在"横扫一切"的过程中,他在劫难逃,被当作"牛鬼蛇神"揪斗。什么"反动权威""反革命修正主义分子""地主阶级孝子贤孙"等罪名,一古脑儿向他头上扣去。他做梦也未想到,自己为党、为人民、为科学和真理追求了大半生,居然会落得这个地步。他沉默了,怀着隐痛接受着"造反派"的一次次批斗,冷眼看着一批批点名打倒他的大字报,反省自己的过去。有一次,他看到办公楼前揭批他的大字报中,竟然诬陷他是"国民党员",实在无法忍受,就掏出钢笔,悄悄在这条诬陷不实之词的旁边,写下了"我不是国民党员,从未参加过国民党"几个字,旁边还坦然地署上自己的名和姓。这一下,更加激怒了"造反派",一夜之间,挞伐陈旭麓反攻倒算的大字报铺天盖地。更有甚者还将揭批陈旭麓的大字报整理油印出一本长达数十页的"传单",到处散发,必欲将他置之死地。

不久,先生被关进了"牛棚",除了"交代"与接受"批斗"之外,不得"乱说乱动"。年迈老母被遣返回乡,他作为儿子不能前去话别;三个未成年的子女被分配到数千里之外去接受"再教育",他作为父亲也无权叮嘱几句;陪伴自己二十多年的妻子患了不治之症,他作为丈夫,更不能前去探望,只能含着眼泪看着她在苦痛中死去……这一幕幕催人泪下的惨痛事实,促使他对这场浩劫进行思考:天道茫茫,公理何在!

70年代初，陈旭麓先生经过数年的"斗批"与"审查"，被宣布从"牛棚"里"解放"出来。他虽然获得了"解放"，但回到零落的家，见到被抄后残缺不全的书籍，只能流露出一股凄苦的哀愁。这时，学校正在"复课闹革命"，他多么想凭借自己的聪明才智和深厚的学识根底，为教学和科研作出自己的应有贡献呵！但是，他的这股热忱遭到了冷遇。因为，在当时的政治气候下，像他这样从"牛棚"里放出来的老知识分子，只有充当"反面教员"，继续接受批判或改造的份儿，根本轮不上去搞什么教学或科研。

这时，遇到了一个机会。复旦大学历史系在"复课闹革命"过程中，胡绳武同志正在奉命组织力量编写《中国近代史丛书》，由于人手不够，就提出将陈旭麓先生借调去参加编写。先生对好友胡绳武的盛情相邀，虽然感到欣喜，但内心十分矛盾。能去搞专业当然心慰，要离开亲手参与创办的华东师大又总不是个味儿。真正的知识分子更看重学术事业。几经考虑，先生于1971年被借调到复旦历史系，参加《中国近代史丛书》的编写工作。

复旦大学并非世外桃源，在当时的政治气候下，要真正凭借自己的良知写出像样的科学论著是难乎其难的。但是，他同胡绳武同志一起，团结周围的中青年同志，在艰难的条件下，努力苦干力争在短时间内尽快编写出一套近代史丛书。经过数年的努力，一套近代史丛书终于陆续公开出版了。这套丛书虽然打上了不少时代的印记，但在"大批判"的吼声淹没理性思考的年代里，能写出这套并无多大原则错误的丛书，已属难能可贵。这套书，后来被译为英、日、俄等外文在国外出版。先生负责丛书编写的同时，还参加、主持了章太炎著作编注和盛宣怀未刊档案资料的整理工作，抓紧一切机会，为近代史资料的抢救和整理工作，付出自己的极大心血。

七、 忍辱负重，老而弥坚

1976年秋天，陈旭麓先生怀着极其兴奋的心情，迎接了第二次解放。"四人帮"粉碎后，他奉命与其他同志一起，共同负责上海市委大批判组，投入了揭批"四人帮"的斗争。1978年秋，他回到华东师大，教书，编书，带研究生。

在生命的最后十年中，先生在学术研究方面，重点是以"新陈代谢"的旨趣，致力于中国近代社会变迁的研究。对于近代史线索、中西文化的比较、资产阶级评价，对于海派、租界、会党、洋务，对于革命与改良、爱国与卖国、体与用、一与多……凡是近代史重大问题，几乎都有陈旭麓一家之说；凡是学术界热烈争鸣的现场，几乎都可以听到他那高亢独特的湘乡口音。他由现实反思历史，孜孜探求中华民族的未来去路。

在生命的最后十年，先生以旺健的创造力，在老境侵夺中，登上了一生的学术高峰期。他发表于这一时期的论著，议论恢宏精密，融理论思维与艺术思维于一体，以丰厚的历史感写出了百年递嬗的曲折骨脊，既给人以深刻的哲理启迪，又一洗盛行已久的枯燥单调、乏味的文风，开创了一代史学新文风。他主编了第一部《中国近代史词典》，其收词之宏富，诠释之准确，一经问世，即受到学术界广泛的好评。辞书方面，他还主编了《中华民国史辞典》和《中国人名大辞典》近代人物部分。学术著作方面，他主编的《中国近代史丛书》已出版近40种，在国内外产生广泛影响，除了历史事件如《鸦片战争》《辛亥革命》等在80年代初已被译为多种外文出版，后来出的人物传记也有不少被外国学者翻译过去，有几种在国内重要学术评奖中获得优秀著作奖。他主编的《近代中国八十年》《五四后三十年》《五四以来政派及其思想》《中国革命史教程》等,架构独特,风格清新,为学界称道。特别值得指出的是,先生主编各种书籍从来不挂虚名,而是从选题到提纲,从观点到资料,从体例到文字,都事必躬亲,一丝不苟,其认真负责的精神,每令同行们感佩不已。1984年,先生出版了他长期历史思辨的结晶《近代史思辨录》,接着又着手编辑《思辨续录》《浮想录》(这些先生在世时已基本编定,或已有具体设想。先生逝世以后,我们已按先生的意愿,编妥付梓)。先生一生著作编撰、整理各种书籍70余部,其中大部分是在这十年间完成的。

先生最后十年所从事的,还有一项影响很大的工作,就是培养研究生。"文革"以前,先生已是著名的研究生导师。1978年秋,先生恢复招收研究生,到他逝世,又招了7届。

先生曾说:"子女和学生分别延续着一个人的生命和学术。对于一个真正的学者来说,学生胜过子女。"先生对学生倾注了全部的爱,他以渊博的学识、灵活多样的方法,尽最大努力将学生培养成才。在师生关系上,先生完全平等待人,绝无半点导师的架子;在学术上,他鼓励、尊重学生的独立见解。他因材施教,对禀赋、志趣不同的学生采取不同的方法,让他们扬其所长。他从多方面关怀学生,学业之外,对学生的品质、生活等方面处处关心。在学生的心目中,他是严师,是慈父,又是可以坦诚相处的朋友。

先生的道德文章,在学术界有口皆碑,在社会上广为人知,赢得了无数好学青年衷心的爱戴。很多青年慕名向他请教,他总是有求必应,尽量满足他们的要求。先生的案几上,常有成堆的来自天南海北的信件,或请教问题,或托审稿件,或托购书刊。研究生们看先生实在太累了,建议有些信由他们代复。先生通常是坚持自己亲复。他常说:不能让青年失望。正因为如此,先生在青年学生中有巨大的吸引力,每年招收研究生,报考的人数总是大大超过招生数字,有些人甚至是二次三次报考他的专业。

由于一些不便多说的原因,陈旭麓先生晚年并不总是顺心、愉快的,但是,他以一个中国知识分子的良心,以对国家和民族的高度责任感,以对真理的真诚与挚爱,将一些不快的事情吞到肚里,忍辱负重,真诚地求索,勇敢地创新。"艰难困苦,玉汝于成",先生晚年在学术上爆发如此巨大的能量,迸发出如此耀眼的光芒,与他的处境、与他对社会的理解也许不无关系。

八、 新体系:新陈代谢

如果说学术创造是陈旭麓先生一生的出发点和归宿,那么建构以"新陈代谢"为旨趣的中国近代史新体系则是他晚年学术的核心。在惯见了三十余年近代史的既成格局之后,先生是有心别开一局的先行者,在这一过程中,他不仅超越了自己,而且超越了过去一个时代。

"文革"刚结束,先生便以其特有的眼识倡导中西文化比较研究。与此同时,又以"新陈代谢"的论旨致力于中国近代社会变迁的研究。他以鸦片战争到中华人民共和国成立作为一个完整的社会形态,并以社会史会通政治、经济、文化、军事等众多侧面。十年间,先生在《历史研究》《近代史研究》《光明日报》《人民日报》《学术月刊》《文汇报》等众多报刊上发表了《中国近代史上的革命与改良》《论"中体西用"》《中国近代史上的爱国与卖国》《秘密会党与中国社会》《关于中国近代史线索的思考》等倾动史坛、蜚声学界的长篇论著,创造性地探寻时而骇浪滔天,时而峰回路转的中国近代社会新陈代谢的内在规律,整体地展示新旧嬗替、沤浪相逐的近代社会巨变的风貌和全部过程。和传统的学术观点不同,他的见解不仅富于开拓性,而且具有整体反思的深层意蕴和丰富的社会文化内涵。如果把他的论著通读,就可以发现其中的一串串的思辨组成了他对近代史研究的一条思想链,每一个深邃的思想,都是链上的一个环。

在社会结构方面,先生着力于近代社会整体风貌的变异与社会深层结构的变迁的探究。先生一向认为,研究社会结构,不但要研究阶级、阶层,而且要研究宗法制度、家庭演变、秘密结社、会馆公所,有宏观,也要有中观、微观研究。他认为只有这样,才能多层次、多角度地展示社会演化的客观进程,才能真正看出进入近代前后中国社会的危机,并透过历史人物和历史事件的表象去观察中国社会震荡的深度和广度。在对农民起义的研究中,先生论证了人口增长激化社会矛盾的内在联系,提出了"正比—反比—正比"的著名论断,即:人口激增同地主阶级的加紧剥削和农民失去土地成正比;生产力水平低,人口激增与农民的生活水平成反比;人口激增与农民起义的频繁及规模成正比。人口的适度增长有利于社会生产力的发展,但如果人口过分膨胀,超过了那个社会的负荷,有利因素也会变为不利因素,成为社会前进的阻力,起了延缓社会发展的作用。他从社会史、社会心理演变的角度研究会党,指出:进入近代前后的中国社会,存在着三种既相联系又相区别的社会结构形式,即以血缘为纽带的家族组织、以工商业为基础的行会组织和以游民阶层为主体的会党组织。他从中国封建社会后期的整体演变中,剖析了会党形成为特殊社会组织的原因,又通过三种社会组织的比较分析,论述了会党社会的组织结构和特点,从会党的秘密联络方式中概述了这一特殊社会组织的思想方式和文化行为的独特风貌,认为"不懂会党就不会懂得进入近代前后的中国社会,或者不能全面地懂得这个社会"。他曾有意识地指导研究生研究晚清上流社会,研究上海租界社会生活、人口变动,意在通过这些研究,对近代社会有个准确的把握。

在社会经济的研究中,先生认为一种新的生产力被引进之后,一定会表现出积极的活力,当它被纳入旧体制时,会以它特具的能量在旧体内"发酵",从而为突破旧体制的防线铺平了通路。这一"发酵说",是人们通常所说的"生产力与生产关系的矛盾中,生产力是最革命、最积极、最活跃的要素"这一马克思主义原理在历史研究中的深化。先生在有关近代中国资产阶级和资本主义的研究中,特别是在洋务运动的研究中,就是运用了这一"发酵说"去分析、评价历史事件和历史人物的。先生超越了"你说反动,我说进步"的认知系列,站在历史哲学的高度,向着历史的真实,把洋务运动放在变革中的社会背景下加以整体考察,认为"洋务运动是中国近代化的发轫",它给封建政体绽开了一个缺口,破坏了旧物,也保护了旧物,是近代社会新旧递嬗的一个历史环节。

在思想文化方面,先生倾注的心血最多,成果也格外引人注目。《论"中体西用"》《说"海派"》以及先生逝世后不久面世的《略论演化中的中国近代文化》《传统·启蒙·中国化》等,都是学界公认探索近代文化的力作。这些力作从中西文化冲突的角度来把握中国近代文化变迁的整体风貌,并揭示了近代社会变外来为内在的特殊文化机制。发表于1982年的《论"中体西用"》一文,系统地剖析了"中体西用"这一文化型塑模式的形成与近代士大夫对西学的认识过程,认为它不只是洋务派的张之洞一两个人的"乐道",而是19世纪后期一代人引进西学的宗旨,是近代中国特殊历史条件下的产物,是移花接木地把西方资本主义的"用",移到中国封建主义的"体"上来,是在中西文化两极相逢的矛盾中第一阶段的结合形式,是以以新卫旧的形式来推动中国社会的新陈代谢的。与以往论者把中体西用仅仅归结为洋务派的思想体系不同,先生认为"戊戌维新运动是在批判'中体西用'中前进的,但不少具体兴革又是以'中体西用'的词旨为号召的"。因为它虽在一些人中失去了时效,"在更多的人并没有失去时效",即使到了20世纪初年,资产阶级民主势力已经兴起,革命已在取代改良,"'中体西用'还没有咽气"。在生前没有公开发表的《中国近代学论略》的长文中,先生一扫前人、外人关于近代中国没有自己文化只有传统文化或舶来品的陈说,从地理学、文学、史学、哲学、艺术等各个方面,雄辩地说明了,中国有自己的近代学,这个近代学是中西文化结合、融会的产物。

近代中国文学作为近代文化中的重要门类,一向是近代史研究中的薄弱环节。先生以"新陈代谢"的旨趣论述了近代文学的发展历程,认为"旧风格含新意境是它的主要变征"。新意境是随同外部生态环境的变迁而来,受现实主义和理性主义的引导,以新词新义反映民主进步意识;而新意境的累积,不会只满足旧风格的容纳,势必牵动旧风格,于是而有梁启超的新文体、黄遵宪的创格诗、王国维的文艺理论和海派文化带来的艺术新风。这些都是"随着新意境的积累在风格上产生的微变"。先生认为"五四"新文化运动结束了近代文学的历程,"新文学代替旧文学的总趋势,在'五四'前夕的1917年、1918年已展示出,从此进入了鲁迅时代。近代的'文变',则是进入这个时代的引桥"。显然,先生是把文学放到大文化背景中加以考察,并以文学本身的体裁、风格及内在规律来展示近代文学的发展历程的。这就避免了单纯以文学写史所造成的历史时代感的失落和单纯从历史社会角度的写史文学所造成的文学自身流变模糊不清的两种缺陷,有利于人们在进行文化史研究时,把宏观与微观、线性与多维性、逻辑方法与历史方法相结合，以确立历史观与方法论的一致性。

在社会政治和政潮的研究中，先生提出了近代中国是在革命与改良的不断变革中曲折前进的著名观点。他在《中国近代史上的革命与改良》这篇著名论文中，科学地阐明了改良在历史上的积极作用；革命在什么历史条件下、在什么方面高于改良。它的理论意义在于不仅一般地、原则地肯定改良是趋于进步的一种手段，革命高于改良，而是具体地论证了革命与改良是一个扬弃和汲取的复杂过程，从而为近代中国政治史和政潮史的研究奠定了科学的基础，比较集中地体现了先生史学研究的思辨神采。

在这一长文中，许多具体论述都具开拓性，发前人之所未发，引起了近代史学界的注目和重视——

文章以无容置疑的历史事实为根据，以马克思主义经典作家的论说为指导，把改良与改良主义严格区分开来，肯定了近代史上改良的积极作用。提出了近代中国的改革发展模式，是从上层开始，依次推移，逐级发自中下层，形成为一个塔形，一个否定另一个，而且像浪圈一样一圈比一圈大地彼此联系着。文章就1895年同时登场的维新派和革命派的不同政治主张进行了理性的分析，认为它们都是想为衰落的中国寻找新的出路，值得大书特书；同时又指出这两股新的政治力量绝不是相等地开展活动，而是随着形势的发展各有其消长变化和分化组合。20世纪初的政治格局是两条道路（革命与改良）和三方（革命、改良、朝廷）的角逐。革命派成了时代的主角，而保皇的改良派作为新派人物的颜色并没有完全脱落，还有些号召力，特别是对那些从封建营垒中渐次苏醒过来而又害怕革命的人们。认为在辛亥革命时期张謇等人发展实业所作的努力，梁启超传播新知识的大量文章和严复介绍西学的许多译著,都独步一时,启迪了整个一代知识分子,帮助了知识分子的革命化。辛亥革命后,革命与改良对发展实业表现了较大的共性。改良,除了消极的一面外,仍有积极的一面,有时积极性还是较大的。先生最后指出:经过革命推翻了旧政权、建立起新政权后,采取改良步骤,恢复经济,变革旧制,以巩固新生的政权,为今后的发展打下基础,这样的改良绝不是历史的赘疣,而是革命的延续和补充。

以上这些论断,体现了当代史学研究中的一种新思维,无须多加分析就可看出其价值和意义。事实上,其中不少观点已经为学术界所认同、引用和发挥,成为近代史改革过程中新思考的起点。

显然,先生建构的中国近代史体系不是机械的经济决定论,更不是以阶级斗争为内核的"三次革命高潮"说,用他自己的话说,那就是:近代社会的新陈代谢。在他看来,近代社会的新陈代谢最本质的意义是推封建主义之陈,出资本主义之新,其趋向是资本主义世界体系,而又形成不了资本主义,是一种社会向另一种社会的大过渡,其核心是汲取与扬弃、变革与反变革反复推进的辩证过程。引进和汲取新的东西——这种新东西,不是传统文化自身的产物,而是西方传来的新的物质文明与精神文明,因此,他特别强调了近代中国向西方学习、面向世界的重要性,这是贯穿于他的研究、教学和讲学报告中的基本点之一;扬弃旧物,不是简单的排斥,这里面有继承、有批判,是事物的辩证发展而不是发展的中断与停顿,因此他又特别突出了旧的文化、旧的传统、旧的社会结构、旧的政治体制在孕育新事物过程中的地位,这是贯穿于他的研究中的又一个基本点。

先生在晚年写的《关于中国近代史线索的思考》中,把上述的思辨综合起来,加以系统化、体系化,主张以辛亥革命、1927年大革命和中国共产党领导的解放战争的胜利来贯穿近代110年的历史。这一体系被人们概括为"新的三次革命高潮"说。如果不了解先生对近代史体系、框架的构建而单纯地看这篇文章,人们可能认为它与传统的三次革命高潮说只有阶段划分的不同,没有本质的区别。其实不然,旧的三次革命高潮说的基本内核是阶级斗争,即在阶级斗争是历史发展的根本动力思想指导下,以三次革命高潮、十大历史事件为构架;而先生的近代史体系则是以近代社会新陈代谢为旨归的。先生在文章中表明:"我以为研究近代中国社会的线索应分作三个层次来说明:第一,它始终处于大变革的过程,如危崖转石不达其地不止;第二,一个又一个变革的浪头表现为急剧的新陈代谢,螺旋地推进,螺旋特别多;第三,中国社会新陈代谢的本质是一步步有限地推向近代化,即推封建主义之陈,行民主主义(资本主义)之新。"很明显,这个体系是社会的新陈代谢(由封建而资本主义的辩证发展)而不单以社会的阶级斗争、也不单单以经济发展为其整体思辨的。它包含了阶级斗争,但又广于阶级斗争的内容;它体现了经济发展,但又包容了政治、思潮、社会、文化等方面的变嬗。概而言之,先生建构的这个近代史新体系是以近代社会各个领域的新陈代谢为旨趣,以民主主义(资本主义)化为内容,以辛亥革命、1927年国共合作的国民革命推倒北洋军阀政府、1949年中国共产党领导的解放战争推翻国民党统治这三次革命高潮为基本历史线索,以110年历史中能显示新陈代谢、推动近代化的7个关键性的年份为发展过程的环节,来研究和阐述近代中国半殖民地半封建社会这样一个特殊的、完整的、过渡性的社会历史形态。

这个近代史新体系和理论分析框架,酝酿于70年代末,构思于80年代初,而于80年代末形成严整周密的学说。它的出现无疑是对以阶级斗争为核心的"两个过程模式"以及由此衍生出来的"三次革命高潮"体系的突破或超越，它标志着我国近代史学研究已逐渐走出了"阶级斗争模式"的约定格式，不再把许多历史的内容摈于史学的视野之外。如果说，中国史学正经历着一场深刻的时代变革，那么，先生积多年苦思而建构的以新陈代谢命意的近代史体系，无疑是其中引人注目的部分之一。

九、在最后的日子里

先生在生命的旅途上，整整跋涉了 70 个春秋，经历了人世间的诸般磨难：有追求的困惑，也有创造的欢乐；有世间的扰攘炎凉，也有人生的适志恬愉……他的一生未脱书生本色，他的事业尽在学术研究。他从不满足，总是不断地认识自己、超越自己。晚年在心境极端不顺的情况下，在各种无形有形的磨难、折腾和倾轧中，他以顽强的意志力和超前的思维率先冲破了过去时代所形成的史学规范、通则和体系，把近代史研究推到了令人瞩目的水平。尤其是近年，先生除了编书、撰文、讲课、指导研究生等繁重的工作外，更以急切的心情，殚精竭虑，奔走呼号，期望史学冲出重围。在各种重要的学术会议上，浓重的湘乡口音，凝聚着他的一片赤诚与苦心。1988 年下半年，他参加的学术会议比以往任何时候都多，演讲比任何时候都频繁，谈锋之机警、思想之深邃，达到了他一生的巅峰状态。

且看他最后半年的活动表——

6 月，参加上海社会科学院召开的戊戌维新 90 周年学术讨论会；

7 月，参加并主持"租界与近代中国社会"学术讨论会；

8 月，出席中国史学会第四次代表大会（北京）；参加"史学理论与史学危机"座谈会；

9月，参加上海市川沙县志稿审议会；

10月，参加"近代会党史讨论会"（上海）；参加"李鸿章与中国近代经济"学术讨论会（合肥）；参加"中国社会史讨论会"（南京）；

11月，参加"中国近代军事史"讨论会（上海）；参加"戊戌维新九十周年国际学术讨论会"（广东）。

从北京，到南京，从合肥，到广州，年已七旬的先生，不知老之已至，马不停蹄，连续作战。在这些会议上，先生分别就"戊戌与启蒙""租界与近代社会新陈代谢""史学的困惑""发挥史学家的良知""史与志""会党与近代中国社会""李鸿章与近代中国化""社会史的崛起""中国军事近代化"等专题作了精彩纷呈的演讲，其中大多均根据演讲录音或记录整理成文发表。同行都说："旭麓先生的学问已达到炉火纯青的阶段。"

先生常说："近几年，我想的比说的多，说的比做的多。"是的，他毕竟是年届古稀的老人，他付出的劳动远远超过了生命的界限。那么多他朝夕关怀的研究生需要指导，那么多慕名求教的信件需要处理，那么多来自各地的书稿需要审阅，那么多的学术会议需要参加，那么多成熟的构思还没有形成缜密的文字，规模宏大的《中国近代社会史丛书》的编纂工作刚刚铺开，卷帙浩繁的《中华民国史词典》正在定稿，国家教委委托主编的《中国近代史》教材刚刚酝酿成型，构思了十余载的《近代中国社会的新陈代谢》也还没有最后完成……他要做的事太多、太多了，生命之弦绷得太紧、太紧了！

1988年12月1日，先生上午参加中山学社理事会，商议举行学术讨论会与学社近期规划事宜，回来后未及休息，适遇一位研究生前来商讨学术问题。晚6时15分，突发心肌梗塞，几分钟后，这一颗智慧、正直的心脏停止了跳动。案头上，自己未完成的书稿，他人求阅的书稿,来自天南地北待复的信件,一堆一堆。

十、"述作传诸不朽"

先生去世的消息在《文汇报》和《解放日报》披露后,全国学术界特别是史学界为之震惊不已!先生的生前好友、学生、亲属,以及所有景仰先生道德文章的人,无论识与不识,都陷入了深切的悲痛之中。一个个唁电、一封封唁函、一幅幅挽联,从全国各地飞来,其中无不寄托着他们对先生发自内心的敬意、痛惜与哀悼。

在同月 15 日举行的遗体告别仪式,隆重而悲怆。龙华殡仪馆大厅内外环列着 400 多个花圈,正前方悬挂着先生的遗像,上端的黑色绒布上写着"沉痛悼念陈旭麓教授"。厅柱两侧高垂着巨幅挽联:"思辨精深著述宏富史坛痛失大匠,师道楷模长者风范学界同悼先生。"遗体周围摆着长青松柏和 20 多个鲜花花篮。大厅正门内外挂满了生前好友、弟子门生书写的数十幅挽联,其中由几十位弟子署名的挽幛特别引人注目。挽幛上"薪尽火传"四个大字,表达了学生们继承老师道德文章的真切愿望。在告别仪式中,来自社会各界的 700 多人为先生送行,许多人在先生遗体前泣不成声,甚至连以前从未听到过他名字的汽车司机们也都在这种悲痛的气氛下不能自持,痛哭失声。诚如唐振常先生在告别仪式上代表先生生前友好的讲话中所说,这是"学术界—人民群众对旭麓的尊重和哀思。这就是历史对旭麓的评价。这种评价是任何人也抹杀不了的"。

第二天,上海历史学会特地举行"陈旭麓先生学术思想研讨会",上海和外地百余名学者莅会。与会者踊跃发言,沉痛地缅怀了先生的道德文章,并就他在学术领域的不朽业绩进行了热烈的讨论。发言同志对先生论著中富于哲理的思辨精神给予很高评价,认为这种思辨精神是充满智慧的、具有中国特色的历史哲学,这种历史哲学不但是中国史学的宝贵财富,而且是世界史学中的瑰宝。

在随后的日子里,上海和外地十多家报刊发表了悼念先生的文章。这些文章连同悼念先生的挽联、唁电、唁函,在先生的生前好友、门生弟子的倡议、支持下,汇编成一本近20万字的《陈旭麓先生哀思录》,于先生去世一周年之际印制出来,分赠先生的友朋和学生。在此期间,台湾出版的《传记文学》"民国人物传"专栏还特意请人撰写了六七千字的《陈旭麓先生传略》,对先生的立身行事、著作文章给予高度评价。

先生是匆促辞世的,对于后事,来不及留下半句遗言。但是,先生生前曾说:"教书、写书、学生是我的支柱,离开了这些,我就不存在了。"他走了,最放心不下的事情之一就是他未完成的著作,他的许多朋友最关心的也是他的遗著的整理出版,毕竟像他这样健于思考的学者太少了!作为他的学生,我们有责任把它们整理出来,贡献给学术界。唯其如此,先生去世后不久,我们便成立了"陈旭麓先生遗著整理小组",并作了具体的分工:由杨国强和周武整理《近代中国社会的新陈代谢》,由熊月之、朱金元整理先生的学术文存和《浮想录》等。大家协力同心,黾勉以求,终于在不太长的时间里将先生的遗作整理完毕,并在出版社的大力支持下以最快的速度出版发行。

先生的论著建基于深厚的功底,而富深见卓识,发人之所未发,且文采焕然,语多金石,字见珠玑,向为学界推重。我们本着对先生负责的态度,以不违背先生原意为原则,在整理过程中,力求在文字上接近先生的一贯风格的同时,尽最大可能在立意和精神上贴近先生的学术旨趣。聊可告慰于先生的是,这些书出版后,均受到学术界的广泛好评和热烈赞扬,其中先生为之抱终天之憾的《近代中国社会的新陈代谢》于1992年7月出版后,以其能准确传达先生的学术底蕴而备受学界推崇,十数家报刊发表了该书的书评,一致认为这是一部"才气横溢、情文并茂的学术著作",一部"中国近代史的开拓之作",一部"力透近代社会风云的精湛之作"……先后获得第七届中国图书奖、华东六省一市优秀理论读物一等奖、第二届上海哲学社会科学著作一等奖等6项大奖。所有这些,既说明了该书的学术价值,也反映了先生在学术界的巨大影响。

从40年代初期开始,一直到去世为止,先生从未中断过思考与写作。在近半个世纪的文字生涯中,先生写下了一大批富有情致和理趣的时论散文和学术论著。作为一个站立起来思考的思想者,先生的许多文章和思想,早已融入中国当代文化之中,并成为其中最富个性和理性神采的组成部分之一。然而,他的这些论著,除30余篇曾收入先生自编的论文集《近代史思辨录》于1984年出版外,绝大部分均散见于各地报刊,一些手稿和讲课记录稿也还没有全部整理发表。虽然先生去世后,我们编辑出版了《陈旭麓学术文存》和《浮想录》,但还有不少篇章因篇幅或体例的限制未能收入。在华东师范大学出版社的支持下,我们又编成了四卷本的《陈旭麓文集》,除了他主编的60多种书籍外,他个人比较有代表性的文字基本上都收进去了。这部文集比较完备地记录了一个学者所走过的学术道路,也记录了在时代风雨洗礼下一个知识分子的智慧与良心。

"才识并世同钦,述作传诸不朽。"这是谭其骧教授写给先生的挽联,它代表了学术界对先生"才识"与"述作"的客观论定。陈旭麓先生的身影消失了,但他用心血、才识和良心凝结而成的文章和思想是不会磨灭的。

怀 念 父 亲

陈 辛

一、"出湖"的心结和眷恋

父亲陈旭麓,1918 年 3 月 31 日出生于湖南湘乡(今双峰县)一个名为白源湾的村落。他所居住的地方,屋后丘岭起伏错落,门前的小河蜿蜒流淌,一派生生不息静谧田园的风光。幼时他随姐姐去田间捉泥鳅拾稻穗,徜徉在青山绿水之间,这种恬静而充满亲情的生活养成了他对故乡十分浓厚的情意,使日后远行的他始终对这片土地情牵梦绕。寻着父亲成长的脚印,我曾专程探访了他儿时读私塾的原址,如今是锁石乡团结小学,学校的校史栏中还挂着他作为校友的简历。尽管爷爷供其读书的出发点是希望他日后从商,并由此光宗耀祖,可是他却并非如此想。因为父亲从小常听村里的老人说某某人"出湖"了,那也就是在说此人出息了。而"出湖"的本意就是越过洞庭湖,意味着胸怀大的境界,去见大的世面。随着年龄的增长,父亲从乡间的私塾先后来到长沙孔道国学专科学校以及当时在贵阳的大夏大学求学,"出湖"之说时时激励着他努力学习,孜孜以求。以后,他又受到进步思想的感召,筑下教育、科学救国的理念,并因此开启了他长达 45 年的教育生涯。

我们姊妹兄弟五个自小耳濡目染父亲的为人处事,也深受湘人生活习俗的影响。一口腊鱼腊肉、猪血丸子,总会勾起他对家乡的浓浓情思,而出生在上海的我们对这些也常常食之如饴。父亲是 20 世纪 40 年代后期来到上海的,尽管在此生活了 40 多年,浓重的湘音却始终未改。他给研究生上课竟然需要高年级的同学作翻译,由此出现了多种不同方言版本的传译,引为笑谈。

1981年的暑期,我与陈同相约从郑州和沪上出发会聚长沙,代父亲去看望"文革"初期因成分问题而遭返乡下的年迈奶奶,看望在"文字狱"年代里,因一句调侃的语言竟遭受八年牢狱之灾的姑父。那是我们兄弟第一次回乡认祖,父亲非常高兴。1985年秋天奶奶离世,正逢父亲教学科研繁忙无法分身,他深知我在江西临川插队摸爬滚打九年,熟悉农村习俗,特地把我叫到身边,嘱托代其回乡奔丧,并提醒湖南乡下的种种风俗习惯,言之切切,尽显孝子、慈父之心。

新中国成立后,频繁的政治运动使他无法毫无顾虑地踏上回乡之路。直至1980年末,父亲去湖南开会讲学,才顺道回乡一次。1982年,原上海市委宣传部部长车文仪回湘任职,力邀父亲就任湖南省社科院院长。为此,父亲踌躇再三,一边是故乡在召唤,另一边却是家庭的难以割舍。因为母亲去世后父亲未再婚娶,要是成行,我们子女一时又无法陪伴前往,再则看着我们姊妹兄弟多未成家,心动之余,他选择了留沪,打消了赴湘的念头。可是即便如此,父亲对故乡的眷恋之情仍溢于言表,他在《湖山情思》一文中就这样写道:"人对哺育了他的土地,到老不能忘怀。尽管年光流逝,趁腿脚尚健,一有机缘,当再渡洞庭,品茗君山;还想攀登祝融峰,以偿平生未了之愿;也很向往张家界的千岩万壑。我爱故乡的名山大川,更爱那里的土丘小流,土丘小流里有着丰富的生活,还有自己童年的足迹。"

父亲一生对家乡绵绵的眷恋之情也深深地浸染了我。多年来,我也尝试着在力所能及的范围之内,为家乡尽绵薄之力。我与在沪的双峰籍有为人士,成立了同乡会,建会至今十多年,我们坚守助学寒门子弟的宗旨,在沪双峰农家学生获资助的有数十人。我想如果父亲仍健在的话,他一定会为此感到由衷的高兴的。

二、 颠沛流离的三地教员

2011年清明前,春雨绵绵,春寒料峭。我从黔省城驱车一路高速40分钟便到了修文县。贵阳的表弟洋洋、合肥的表妹劲松陪着同往,去寻找父亲母亲在那里留下的足迹。据当地老人说,抗战时节,这条路没有一个晌午是到不了的。1943年3月,父亲刚满25岁,就出任了修文中学校长。68年之后,我也来到这所学校,时任校长,也是该校毕业生的袁曜热情接待了我们,他拿出了学校70周年校庆的纪念册,其中清晰记录了学校的往事与变迁。修文中学建在龙岗山上,立于此间,俯身望去,修文县城尽收眼底。蜚声中外的明代大儒王阳明创立的龙岗书院旧址就在此地,这为修文中学奠定了深厚的历史文化底蕴,父亲在这里一定能感受到这种持之久远的历史文化影响。更应该说明的是,修文还是父亲从事教育事业的起步之地,这对于他来说意义非比寻常。1982年秋,他重访这里,就留有"休忆年华伤逝水,眼前风物细评量"的诗句,抒发了久别后的感叹与感慨。

父亲在修文任教任职仅一学期,因闻报爷爷病重,便在暑期赶回湖南,遂即就教于家乡青树坪起陆中学(今双峰二中)四个学期。起陆之创建,是为了完成辛亥志士禹之谟兴学育才的遗愿。如今那儿人丁兴旺,二中也成了当地的骨干学校,小有声望。

1945年的初夏,父亲又来到了陪都——重庆,通过大学同学介绍进入赣江中学任教。父亲的性格耿直,他在此校亦不顺遂,特别是在渝接受了民主文化人士的进步思潮的感召,在那他也仅待了不到一个学年。赣江中学是抗战时大后方为江西籍子弟办的学校,当年的地址是:巴县冷水场赣江街84号万寿宫。抗战结束不久,学校就已停办。寻找旧址,如果没有重庆同事的帮助,确是不知方向。当今大名鼎鼎的国宝级水稻专家袁隆平也曾是赣江中学的学生,我们循着他的线索,找到了昔日的"冷水场"(现已改称为"人和场"),而原有的万寿宫庙宇早已不复原来模样,只剩石门斑驳,残垣断壁。武汉大学的夏渌教授在父亲去世的唁函中曾提及,他与父亲曾在赣江中学共事。

经过寻访父亲在黔湘渝从教过的这些不同地方,我感触良多。尤其是想到父亲辗转三地,颠沛流离地糊口求生,一种沧桑感油然而生。遥想当年国难当头的岁月,父亲一定会在教书授业中去思索教育救国、教育为本的含义和路径吧!

三、 留给儿女的印痕

人名只是个符号。汉族的几百姓氏中大姓又相对集中,因而单姓单名重叠的颇多,以致有几十万同姓同名的。陈姓,属人丁兴旺的姓氏,据匡算,位居第五,在全球华人中陈姓超过八千万人,我们便是其中的成员。从字面上看,我们的名字直白而易读,没有生僻字,但都有着明显的历史印迹或寓意。大姐林林是五人中仅有的双名,却是叠字。我曾问父亲:"大家都是单名,为何姐姐搞特殊化?"他笑着反问:"单木能成林吗?林林就能成森林。"后来我才知道,那一年国家号召植树造林。哥哥名"思",与当年强调知识分子思想改造有着直接关联。随后,单名开始延续。二姐曰"克",克敌制胜。她出生时,正逢抗美援朝凯旋,是名副其实的男孩名。我名中的"辛"字,则直接取自《辛亥革命》书名的第一个字,此书由父亲所写,于我出生的那年出版,是新中国建立后的第一部辛亥革命研究专著。弟弟称"同",源自"天下大同"这一传统中国对理想社会的表述。近人康南海有《大同书》对此加以新的阐释,这也是父亲治近代史所思考的重要问题。从取名的不同缘由来看,我们五个子女的名字多少都与父亲研究历史有着一定的联系。

1970年3月30日,父亲52岁生日的前一天,刚满15岁的我赴江西临川插队,此前思兄已奔皖东和县,克姐远走东北延边,我们三人不行同道,天南地北。为此,父亲特意写了一首《送辛儿赴江西插队》的词。尽管词中透露出那个年代的浓厚气息,但也表达出了一个为父者对子女成长的殷切期望,并体现出他深切的爱国情怀。如今再读,我会想起儿时每周父亲要求我们练毛笔字、写作文。作文题目同一,不分年纪大小,我想那是他读私塾因材施教的翻版,陈克总是获得第一名。我常敷衍交差,挨过父亲的骂。记得一件有趣的事,父亲烦蚊子咬,号召兄弟姐妹在屋里捉蚊,须验明正身,他有奖励。我悄悄地带着抹上肥皂的脸盆,到门前河边晃了几下,几十只蚊子立马成囊中之物。拿去验身,父亲哈哈大笑,家中那么多蚊子还不咬死人?遂取消我的参赛资格。现在想起儿时耍小聪明,仍忍俊不禁。父亲不是圣人,诗中抹不去时代的印痕,但是知识分子家国情怀的拳拳之心跃然诗外,存我心窝。

四、一个男人带着五个孩子

1970年4月19日,母亲陆鸿逵患宫颈癌离世,时年仅51岁。母亲是抗战时大夏大学的学生,也是父亲的学生。1947年她与父亲在重庆订婚。新中国成立后长期在沪上时代中学任史地教师。此前她还做过护士、法院的调解员。母亲非常能干,内外兼具,是上得厅堂下得厨房的那一代知识女性。我们姊妹兄弟的衣裳都是她亲手裁制的,她炒得一手黔湘川菜,至今想起还会勾起我的口涎,回味无穷。

后来我才知道,母亲熟悉病理常识,所患病症她本人早有觉察,只是不敢去医院医治,错过了早期手术的时机。因为那时父亲作为"反动学术权威"身陷长兴岛五七干校劳动,母亲怕被当作躲避运动的典型牵连父亲。半夜时分,母亲弥留之际,父亲是靠着一位好心的学生,踩着自行车驮着他,从长兴岛往家赶,一路走到天明……母亲撒手于家中,父亲总算在榻前诀别。

母亲离去,父亲很是悲伤。我当时刚去江西农村20天,接到电报,急忙往回赶,一进家门我抱着父亲痛哭,他也不停地流泪,那一刻在我的记忆中难以抹去。父亲为排遣心中的苦痛,饱含深情地写下了《悼鸿逵》三首七绝诗:

> 顽强从不计艰辛,竟使恶癌误此身。
> 撒手小楼成永诀,骨灰一盒作新坟。
>
> 梁燕离巢初学飞,归来重雾失喧闹。
> 声声只唤妈何在,化作啼鹃泪满衣。
>
> 海滨风雨久相依,垂老那堪失伴飞。
> 夜静悄听梯步响,犹疑抱卷迟迟归。

诗句中流露出他的多重真实情感,既有对母亲为人的由衷赞赏,以及诀别后对母亲的深深怀念,也有对自己的孩子痛失母爱的伤感与悲哀。在我们儿女的目光中,父母的感情至深,他们贵阳相识,他们重庆缔缘,他们沪上携手,一路走来,从未拌嘴红脸。想起儿时,我调皮捣蛋,常捅娄子,老师家访一走,父母一致到分别拿竹尺掸子,我就赶快爬到床下,免遭挨打。在贵阳,七姨陆鸿滨告诉我,当年外公看到父亲的求婚书时,大为赞赏,多次说有文采,并对其他的女儿说,你们未来别找四肢发达、头脑简单的对象,向姐姐看齐。

少年丧母的我，一生敬佩的就是父亲。他在身陷长兴岛干校劳动的逆境中，每月去邮局给我们三个身处农村的孩子寄钱，还不时地书信勉励我们。那时我看到抬头"辛儿"的来信，总是泪流满面。特别是母亲逝去后，父亲没有续弦，一直护着我们五个孩子都成家立业，同时把自己的学术思辨推向新的境界。期间近20个年头，想来两位姐姐悉心照料父亲功不可没。

有件事我一直揣在心底，如今思之总觉得有一种揪心的亏欠。母亲病逝后数年，关心父亲的同事和学生，为其说媒。对象是一位专修法国史的老师，彼时父亲拉扯五个孩子的艰辛烦恼可想而知，他的心被说动了。于是父亲非常民主地召开了家庭会，以征求孩子们的意见，我和同弟尚小没有参加。谁料想，父亲一张口，三个兄姐哭得一塌糊涂，家庭会在哭声中戛然而止。自此父亲再未重提这件事。按20世纪70年代的时风，那是件丢丑的事，兄姐的哭十分自然，而父亲就此将情感的天平完全倒向了儿女的亲情。但是今天想来，我们做子女的，由于当时年少不谙世事，还无法成熟地理解父亲的感情需求，也无法感同身受地知晓父亲独自兼顾工作与家庭的艰难。如今我们都步入老年，儿女都已长大成人，我们能深深地体会到父亲当时又当爹又当妈的不易，以及他给我们的那份恩重于山的父爱。

五、动乱十年的追忆

"文革"初期，父亲尚在皖北定远，肩负着"四清"工作组党委副书记的职责，也许正是这份特殊的工作，才使他没有受到运动最初的冲击。回到华东师大，他仍是校党委委员、副教务长、研究生处处长，也是副校长的培养对象。记得一个深秋的晚上，时任校党委书记的姚力、副书记刘维寅都来到家中开会，二楼父亲的书房被挤得满满当当,老职工王志成在楼下门口守着。在当时的形势下,学校主要领导乘夜在家属区召集会议,只能是非常时期的一种避人耳目的应急选择。会议内容不得而知,但可以猜想到与当时学校的运动密切相关。

不久,一篇题为"华东师大的翦伯赞:常家王朝的干将陈旭麓(原名修禄)罪行录"的大字报张贴在师大校园里。这是一张足足用去了108张纸的大字报,几乎贴满了师大主路一侧的大字报栏,极为醒目,肆意攻击父亲,诋毁他的人格。作者是当时华东师大的红卫兵头目,深度纠缠于师大历史系的复杂人事关系中,他写的大字报明显地带有打击父亲的意图。对于这样的污蔑,父亲直接在这一大字报的留白之处提笔申辩,并坦诚地签上了自己的名字。但很快这些文字之后又增添了"打倒陈旭麓!"之类的口号。父亲的这一行为完全符合他耿直的秉性,然而在那个躁动而疯狂的年代里,此举所引来的后果却是可想而知的,一时间"打倒""砸烂"的怒吼扑面而来,而所遭受的皮肉之苦已无须详细描述……

自那以后,父亲便没有了安宁的日子,我们子女也牵涉其中。当时我们所住的师大一村紧邻华东师大校园,学校广播台的有线高音喇叭不仅遍布校园,也拉到了师大一村。"文革"之初,校内的红卫兵及造反派就是通过这一广播随时传唤"走资派""反动学术权威"及其他"坏分子"的。每当"勒令"之声出其不意地传来,被点到名字的人就必须随叫随到,或者按其旨意去做。如果有所违背,或者未能听到广播,就会遭受到极为严厉的训斥和惩罚。于是母亲特意提醒我们姊妹兄弟几个,在家附近玩耍时要特别注意学校的广播,凡听到广播中报到父亲的名字,立即告知家里。此后,我们每当听到有线喇叭中声嘶力竭的"勒令"之声总会精神高度紧张,唯恐因漏听了父亲的名字而带来祸患。慈祥而亲切的父亲就这样一下子成了"坏人",一时间让未谙世事的我们无所适从。这一时期还有一件事让年少的我难以忘却。那时师大经常放映电影,这是当年孩提时代娱乐生活中的重要内容。不过令人扫兴的是,在正式放映故事片之前,时常还会先播放一段校内新闻的幻灯片,以反映校内的革命形势。我正是在一次播放影前幻灯时,不期而遇地看到了父亲那熟悉的身影。但幻灯片里出现的父亲并非处于一个正常的状态,他低着头,弯曲着自己的身体,正接受着批判。他胸前挂着写有"反动学术权威陈旭麓"字样的牌子,他的名字还被红笔打了叉。这样令人不忍的画面一下子让我懵了,一时间不知所措,我至今已无法记得是如何看完那场电影的,但是当时的那种深深的苦痛至今还能感受到!正是父亲受冲击的缘故,我们作为其子女的还成了另类。我曾参加过华东师大与师大一村里委会合办的名为"可以教育好的子女"学习班,学习班的目的就是要这些"可以教育好的子女""揭发自己的父母,并与他们划清界限"。可笑的是对象不分年龄大小,高中生、初中生、小学生聚于一堂。要求表态发言时,小的看大的,大的又多默默无语,小的也就跟着效仿。当时我们这些"另类"的孩子鲜有跳出来骂父母的,学习班就在这样的缄默之中不了了之。

"文革"后期,父亲被调往复旦大学,主持编写《中国近代史丛书》。在此期间父亲被当时担任上海市委常委的朱永嘉点名去康平路182号的七楼办公,那里是当时上海市委写作组的外围机构,尽管不是写作组的核心,但与其有着密切联系。"文革"结束,由于这段经历,父亲的党员登记被暂缓。数十年后,朱永嘉的《关于一段故人和往事的回忆——兼记王守稼、谭其骧与陈旭麓》一文披露了当年的实际情况。朱在一次讲座上遇到我们的家人,曾直接表示过:"是我连累了陈先生。"他所说的"连累",有他文章中提到的个人恩怨的因素,同时也有言外之意,如果他当年不调父亲去康平路,父亲就不会牵扯其中,也不会有后来那些郁闷烦心之事。

在康平路的那段时间,父亲从未舒坦过,他曾尖锐地表达过去意,他的早期学生对此是清楚的。我们子女也能从父亲所发的无名之火中感觉到他郁结在内心的苦衷。直到党的十一届三中全会后,父亲总算迎来了学术的春天,此后十年是他史学研究的高峰期,一系列重要论文及史学新论都出自这一时期。

六、 高教三级的 254 元月薪

在小时候的记忆中,我家就应该是高收入家庭,父母亲月薪分别为 254 元和 94 元。那时的 1 元钱可以买好多吃的,请个在家吃住的全天候保姆,一个月 5 元钱酬劳足矣。我清晰地记得"三年自然灾害"期间,奶妈从皖北乡间来沪讨饭,瘦得皮包骨头,惨不忍睹,这使得当年小学一年级的我懵懵懂懂地开始晓得饥饿意味着什么。后来的知青生活,使自己对饥饿有了切身的体验。为了饱腹,时有偷摘农民蔬果的行为,常有舔完碗边猪油的狼狈。对于一个下乡时还只是 15 岁的孩子来说,要自食其力着实不易,而在此期间,最让人难忍的就是饥饿。

父亲 254 元的薪酬是我出生的 1955 年评定的,标准是高教三级。新中国成立初期,这份月收入很高了。自小我没有感受过城市平民的拮据生活,即便是天灾加人祸的三年,国家对高级知识分子也还有些专供食品,家里的生活并没有受到太大的影响。"文革"启始,那一代爱党爱国爱民的专家学者,大多以不同的方式自减工资。父亲则以多缴党费 150 元的名义,将月薪减为 104 元。纵然如此,我家三代八口也生计无虞。到了 1970 年,因母亲去世,加之早先奶奶遣返双峰原籍,更有我与思兄、克姐纷走三地农村,自此全家的开销都落在了父亲的百元收入上。除此之外,父亲既要接济因姑父入狱而失去经济来源的姑妈一家子,还不时地拿出一些钱来帮助贫困的学生和年轻教师。后来,父亲曾对我语重心长地说:"那个年代借出的钱大多是无法收回的,他们都有苦衷啊!"

到了 20 世纪 80 年代,我们五个子女先后都有了固定的工作与收入,甚至我的工资已大大超过了父亲从教 30 余年一成不变的 254 元,他也从无怨言牢骚。一个皓月当空的中秋夜,父亲约来了他的十多位研究生家中聚会,当聊到"体脑倒挂"的话题时,学生们满腹怨气,似乎学术之路要走不下去了。父亲陡然严肃而动容地说:"别人随便干什么每月挣 500 元,我做学问挣 50 元,只要我这 50 元对社会的贡献超过他的 500 元,我就继续搞学问。"他的这番话语使弟子们无语静场了许久……80 年代中期,一次父亲在广州参加学术会议,分会场设在香港。有人提醒他去港赴会需要穿西装,为了符合礼仪,他竟然去地摊拿了件廉价的衣服凑数,却给我们子女购买了上好的布料。

父亲一生清贫节俭,选择授业解惑就恪尽操守,追寻思辨就耐住寂寞潜心学术,传统知识分子的情操和情怀在他身上得到彰显。尽管我们晚辈达不到父亲那样的境界,但从他身上传递出的人格魅力却在无形中感染、影响着我们。

七、舐犊情深

2010 年 10 月 7 日,上海世博会期间,远道而来的姨妈、姨父从贵阳来沪观博,我们姊妹兄弟热情地接待了长辈。六姨妈陆晓玫,这时已 81 岁,"文革"中她曾带着儿子来家里住过,那时母亲已经离世,我们还一起打地铺。姨妈的到来让我们感到十分高兴,在叙说亲情之余,见其精神矍铄、思维清晰,又勾起我询问母亲家世的念头,这已埋藏在我内心很久了。父母在世时对此讳莫如深,从不向我们提及外公的任何事,连他的名字我们也不知晓,只隐约知道母亲在填写个人简历时,"出身"这一栏,填的是"军阀"。我们一直不敢去问父母这一不愿启齿的话题。一次请姨父姨妈在饭店晚餐,我就迫不及待地问姨妈:外公是谁?叫什么?长啥样?闻言姨妈大吃一惊,你们父母连这都没说?一餐饭引出了一段沉重波折的家世,且与现代史上的一些重要历史人物多有关联,往事并非如烟……

外公陆荫楫(1889—1951),别号西川,贵州省盘县人,保定军校一期生,曾任国军中将。外公与谷正伦是连襟,与白崇禧是同学,张道藩称其姑爹。这些社会关系正是父母在那段政治敏感时期最为忌讳的。席间听姨妈说,姨父时有补充,我们姊妹兄弟都为之愕然,我反应过来后及时做了记录。在晚餐几乎未吃之时,突然冒出来一个活生生的亲人,心灵如同直面风驰电掣般的列车撞击。赶回家,迫不及待地上网搜寻,这才得知,外公是一名建有功勋的抗战将领。1946年5月,他被国民政府授予抗战胜利勋章,在授勋的98人中,贵州籍的仅两人,即外公和何应钦,还有当年的八路军将领朱德、彭德怀、叶剑英三人。阅后感慨万千,夜不能寐……

自那一日起,我便迫切地想了解外公的抗战事迹,于是踏上了寻找外公足迹的路途。在重庆档案馆我初次看到了外公的影像,取自陆军大学第一期将官班同学录,扉页是校长蒋中正的题字:"发挥军人最高的精神,完成抗战建国最大的使命。"首页的学员相片恰是外公,他的戎装标准照映入眼帘,瞬间感觉与想象完全吻合:军人的寸头,坚毅的脸庞,咄咄逼人的铁血男人的眼神。在安徽潜山县野寨中学旁的176师抗日阵亡将士陵墓内,外公为缅怀985位抗战将士的英灵而书写的碑刻"一坯[1]千古"还保存着,他当时正任职第二十一集团军参谋长。我凝视着这几个苍劲而略带魏碑古风的大字,体味着外公那时悲愤的情绪,仿佛看到他当年率领将士们在战场上与日寇厮杀的情形。正是在这场攸关民族存亡的战争中,外公直接参与了抵抗日军的桂南会战、昆仑关会战以及大别山地区的一系列战役。2015年抗战胜利70周年,中央决定,向抗战老战士、老同志以及包括参加过抗战的国民党军队将士及其遗属颁发"中国人民抗日战争胜利70周年纪念章"。外公也获得了这样一枚纪念章,当时由阿姨代为领取,这是对外公抗战经历的充分肯定。

外公的身世对我来说犹如从天而降,我的一些年轻的好友和同事对此竟然是如出一辙的疑问:怎么可能发生这样的事情?外公可是近亲,究竟是父母守口如瓶,还是晚辈的不孝?其实凡是经历过那一时期的人,对此都不会感到意外。母亲离世于1970年,当时林林姐才20,我过15,同弟仅13。时逢那段特殊的年代,母亲有胆告诉我们外公的真相吗?研究历史且经历了风风雨雨的父亲,显然有许多话想对子女说,但他走得太突然,没有任何预兆,来不及说。我想起了思兄在和县插队,他是我们兄弟姐妹中最早提出入党申请的,当时村干部为此事请示公社,得到的答复是家庭关系复杂,不予作为发展对象。那时我尚小,对此还没有感觉。今天,我们能深深感悟到,当年父母在此事上对我们子女一直守口如瓶,其实是在保护我们。我能触摸到揣在他们心中的那份用心良苦的怜爱……那是属马的爸和属羊的妈出自本能的舐犊深情。

---

[1] 坯,音pēi,其原意之一为土丘,这里意为坟墓,即指抗日的英烈们。

八、永远的受重

　　1988年12月1日,适逢农历冬至前,父亲上午开会,中午未歇,下午又兴致勃勃与学生聊近期学术会议的思潮,傍晚破天荒地徒步三公里去托儿所接尚不足两岁的孙子。奇怪的是,那天我也破例地早回家,父亲高兴地让我陪他喝酒。菜已摆上桌,酒刚斟满,他突然站起身来拉着我的手,欲言难启,旋即痛苦地倒下。陈克反应极快,不顾身怀六甲冲出门去叫医生,校医赶来不久救护车也到了。父亲随即被送到医院实施抢救,但为时已晚,医生也无力回天,父亲就这样因心肌梗塞永远地离开了我们。这一病症突然袭来,着实让我们猝不及防,因为每年华东医院的例行体检从未提示过父亲有这方面的病兆,我们姊妹兄弟为此陷入深深的自责。最为遗憾的是,父亲生前对我们关怀备至,而他的突然病逝却没能让我们有更多的时间去尽孝心。

　　1989年5月,父亲安寝在钱塘江畔玉皇山脚下的南山公墓。每年的冬至、清明,我们姊妹兄弟都会去父亲的墓地祭拜,点着烟,洒上酒,虔叩首,仰苍穹。20多年的岁月流淌,冥冥之中父亲似乎一直在注视着我们,保佑着我们。1992年父亲的祭日,我们同父亲的学生们一起带上刚问世的《近代中国社会的新陈代谢》前去杭州。在父亲的墓前,我们将父亲的这本书点燃,徐徐升起的青烟寄托着我们对他的思念之情,同时也在告慰父亲,他的呕心之作终于出版了!

　　在我眼里,生活中的父亲是真正的男人,一个性格突显、堂堂正正、挥洒自如、独立思考的男子汉,有责任、敢担当、顾亲情、兼柔情。常言云:施比受重。作为儿女,父亲给予我们的呵护关爱常怀心田,而无形中精神上接受转换至传承更重。

索引

人名索引

（按汉语拼音排序）

A

爱因斯坦　28

B

八指头陀　60
巴斯蒂　272-274
白吉尔　184,272
柏杨　225
包拯　123,149
布哈林　112,116

C

蔡锷　296
蔡和森　275
蔡少卿　207
蔡元培　73
仓颉　80
陈邦军　287,288
陈布雷　59
陈德禾　273
陈独秀　29,64,102,110,148,
　149,232
陈鼓应　184
陈汉孝　176,177
陈绛　229
陈克　196,301
陈林林　212,221,257,299,301
陈梅龙　277
陈青生　161
陈善学　232,240
陈同　161,194,211,240,263,280
陈辛　140,186
陈云　306
成晓军　153
程潜　82
程融矩　275
慈禧太后（西太后）　36,71,83,96,
　102,123

D

达尔文　28
戴家祥　288
戴礼　131
戴胜佛　24
戴逸　169,170
邓代蓉　155-158
丁凤麟　159-162,199,245,287,
　289,304
丁玲　118
丁名楠　201
丁守和　163-165
丁贤俊　160,187
杜甫　101
杜威　102

杜月笙 95
段云章 201

F

范文澜 56
方克 193
方约 163
费成康 163,177,230,292
冯骥 239,306
冯骥才 86
冯契 62,190,224,229,236,305
傅绍昌 266
高纪言 183,207,268

G

龚书铎 302
龚自珍 7,225
顾长声 167,195,263,268
顾亭林 63
光绪 37,63
郭沫若 102
郭嵩焘 25,32,295,296
郭心晖 254

H

哈维 28
郝盛潮 245
何秉彝 56
何泽福 188,192,203,222,223,226,259,266,270,271,277
贺水金 293
赫德 123,156

洪仁玕 27,78
洪秀全 6,19,25,30,31,43,96,119
胡国枢 270,283
胡绳 259
胡绳武 283
胡适 7,29,41,64,67,68,102
胡汶本 232
胡耀邦 79
黄金荣 113
黄景仁 14
黄侃 65
黄丽镛 157
黄兴（克强） 46,122,251
黄逸平 156,163,268
黄宗羲 71
黄遵宪 13
霍元甲 48

J

简照南 248
姜鸣 214
姜义华 155,170,189,302
蒋介石 59,218
蒋经国 58
蒋廷黻 155,289,301
蒋照义 168
金冲及 283
金普森 184,212,217,218,233,268,271-275,288
金维新 160
金永华 208

K

卡尔 133
卡特 12
康有为 6,7,35,37,42,47,60,65,66,68,86,96,99,105,116,119,126,147,181,214,262,282,299
孔令琴 223
孔祥吉 198,301,308
孔子 93,96,104,125

L

来新夏 230,235
老子 104
雷锋 61
黎澍 194,195,307
李炳青 209
李大钊 29
李道齐 226
李赣驹 252
李鸿章 96,123,148,149,248,294
李华兴 287,288,292
李侃 184,192,283,302
李烈钧 252
李锐 224,305
李善兰 62
李时岳 230,283,285
李提摩太 16,156
李新 136,138,179,183,235－237,239,267
李泽厚 213
李贽 141
李自成 10

李宗仁 82
利玛窦 62,190
梁启超 7,37,42,102,105,181,262,264
梁漱溟 63
梁廷枏 29
林彪 20
林超 236
林迈之 249
林祥谦 141
林言椒 177,183,184,201
林则徐 29,106,190
林增平 269,283
刘大年 169,170,195,281,282,284
刘光汉 71
刘海粟 110
刘钦铭 289,290
刘少奇 20
刘师培 14
刘世龙 172,188,194,210,247,305
刘望龄 209
刘禹锡 38
刘正 267
柳亚子 147,217,218
卢梭 71,89
鲁迅 27,46,74,87,93,102,107,161,225
陆鸿逵 138
陆游 23,41
陆志仁 226,235
路遥 174
吕明灼 232

M

马尔萨斯 28
马洪林 174
马克思 28
马自毅 223,226,289
毛泽东 6,88,92,118,120,122
毛振发 179,180,184
毛主席 31
茅海建 176,178,180-182,184-189,191,193-198,298-301,305-308
茅家琦 267
梅光迪 64
明治天皇 48

N

哪吒 53
尼采 102
牛顿 28

O

欧阳竟无 74

P

潘恩 28
潘振平 176,177,180-184,187-189,191-198,269,270,299,301,302,305-308
彭明 201,235,237

Q

瞿秋白 74

戚其章 192
齐赫文斯基 263
祁龙威 225,229
启功 303
钱实甫 157,158
秦始皇 39
秋瑾 277,280

R

任鸿隽 64
荣孟源 201
荣宗敬 248
阮方纪 178
阮芳纪 302

S

尚绍华 184
沈葆桢 18
沈国模 14
沈钧儒 91
沈渭滨 163,199-224,226-229,259,262,266,267,287,289,291,294
沈醉 37
盛宣怀 248
施宣圆 224,304
施亚西 280
石涛 104
石田米子 218,263
史月廷 232
司马光 56
司马迁 56

司徒雷登　156
斯坦因　156
斯特朗　21
斯陀夫人　28
宋庆龄　96
宋士堂　182,183,264,265
苏轼　8
苏双碧　192,234
苏渊雷　288
苏兆征　61
孙渤　238,240
孙科　82
孙思白　201,235-239
孙悟空　53
孙中山　16,35,40,46,88,96,120,169,209,214,215,244,245,281-284

T

谈宗英　204
谭嗣同　7,24
汤一介　304
唐高宗　147
唐克敏　196,197,306
唐斯　28
陶文浚　103
陶希圣　61
陶行知　103
陶知行　103
脱若男　300,305,307,308

W

汪敬虞　248,283,285
汪澍白　267
汪熙　208
王安石　47
王耿雄　209,241-246,253
王国维　73,102
王金发　277
王闿运　250
王实味　89
王树人　168
王韬　75
王学庄　237,247
王也扬　210
王玉璞　195,281
王元化　224,305
伟烈亚力　62
魏源(默深)　19,29,30,106,107,145,179,222,260,302
翁同龢　14
吴禄贞　255
吴雁南　201,255,283
吴泽　170,171
武淑贞　237
武则天　147

X

西马糜各厘　79
希特勒　28
奚原　176,182,184,284
夏东元　195
夏菊芳　255-257

夏笠　208,209
夏林根　220
咸丰　79
萧艾　249
萧一山　14
小凤仙　296
小野信尔　159
肖晓村　20
谢本书　283
谢俊美　195
谢璞　131
谢天佑　156,214,226,282,288
熊月之　159,162,163,177,183,194,196,197,200,213,217-219,222,224,263,287-289,294,295,305
徐光启　62
徐继畬　29,31
徐泰来　153,155,213
徐锡麟　148,149
许纪霖　191
薛福成　306

Y

严凤英　114,148,149
严复　7,30,37,51,52,65,66,73
晏阳初　68
杨川　298
杨度　237,281
杨观林　161
杨光彦　173
杨国强　166
杨立强　206,216,217,259
杨慎之　251,261,267
杨雪芳　188,191
耶稣　36
叶名琛　79
叶挺　103
叶志超　13
殷瑞渊　241-244,252
雍正　63
于伯铭　224
于光远　224,305
于右任　82
虞宝棠　277
袁世凯　44,46,59,96,99,119,120,196
苑书义　201

Z

载沣　120
曾国藩　78,96,116
曾国荃　14,32
张大千　104
张寄谦　228
张謇　81,248
张君劢　229
张岂之　171,283
张一麐　59
张一文　179,184,185
张之洞　248
张芝联　254
张志新　61
章开沅　169,283

章鸣九　206
章太炎　7,30,65,82,102,169,280,281
章云鹏　246
赵世培　262,268,272,274,275,278,289,290
赵宗颇　255-258
郑厚安　163
郑云山　196,201,218,230,259-262,264-266,268-278,280-294,304
钟馗　82
钟叔河　214,295,296
钟诵　133
周谷城　224,305
周抗　168
周树槐　12
周武　197,198
周学熙　248
周一良　254
周永祥　164
周总理　142
朱金元　226
朱维铮　160
竺柏松　277
邹容　172,173
左步青　176,178,186,192,193,195,198,200,202,209,298-301,303,306,307
左思　105
左宗棠　34,279,280

书名、报刊名索引

（按汉语拼音排序）

A

《澳门四百年》 230,292

B

《白石老人自述》 155
《报刊文摘》 159
《北洋政府职官年表》 157,158

C

《蔡松坡集》 181
《长兴学记》 105
《尝试集》 41
《常识》 28
《丑陋的中国人》 225
《传教士与近代中国》 153,167,199,268
《从封闭到开放》 230
《从马礼逊到司徒雷登》 195,263
《从西方到东方》 156

D

《大同书》 6,68,127
《当代诗词》 238
《蕲汉微言》 82
《道光皇帝传》（《道光传》） 224,304

《东方杂志》 61
《东陵盗宝》 155
《杜威五大讲演》 53

F

《风雪人间》 118
《封建专制统治下的臣民心理》 226
《封神演义》 53
《复旦学报》 206

G

《革命史资料》 103
《故宫博物院院刊》 181
《光明日报》 191-193,203,212
《贵州社会科学》 153
《国父全集补编》 246
《国民党制度述略》 180

H

《海底》 187,188
《海国四说》 29,85
《海国图志》 19,28,29,71,85,190
《海录》 85
《汉冶萍公司》 188,277,291
《杭州白话报》 163
《黑奴吁天录》 28
《红旗》 193

《护国战争》 179,180
《皇朝经世文编》 19

J

《几何原本》 62
《江海学刊》 207
《蒋经国传》 58
《解放日报》 213,245
《金刚经》 45
《近代财政经济资料》 255
《近代民主思想史》 263
《近代名人小传》 262
《近代史思辨录》 63,172,193,208,272-274,276,295
《近代史学家选注》 155
《近代史研究》 182,183,189,212,264,265
《近代政治制度史》 262,278
《近代中国八十年》 181,263,265
《近代中国经济思想史》 69
《近代中国科学家》 226
《近代中国社会的新陈代谢》 181,182,194,202,204,206,209,219,225,240,261,270,272,281,286,289,291
《经济研究》 163

K

《康有为》 174

L

《李鸿章全集》 282,284

《李烈钧集》 252
《历史教学》 230
《历史学习》 54
《历史研究》 166,178,181,186,190,193,197,199,203,230,302,304
《历史与现实》 238
《励学译编》 164,165
《梁启超》 174
《临城劫车案纪事》 155
《伦敦与巴黎日记》 295
《论郭嵩焘》 295

M

《毛泽东著作选读》 89
《民国人物传》 237
《民约论》 71
《明夷待访录》 71

N

《南方日报》 181,262
《南京临时政府》 259
《孽海花》 24

Q

《瞿秋白年谱》 164
《青浦县志》 225
《清稗类抄》 300
《清代皇帝传略》 307
《清代通史》 14
《清代职官年表》 157
《清末民初政情内幕》 99

《清议报》 48
《秋瑾评传》 263,267,268,272,273,286

《陶成章》 259,266
《天演论》 37,39,51,52,64,66
《同盟会》 259

R

《人口论》 28
《人民日报》 12,209,245,263
《日本变政考》 66
《日本国志》 13
《日本杂事诗》 13
《阮玲玉之死》 155

W

《王国维评传》 250
《王国维诗词笺校》 249
《魍魉世界》 118
《魏源全集》 179,260
《文汇报》 79,158,227,240,290,304
《文汇读书周报》 124
《文史资料选辑》 180
《我的奋斗》 28
《我所认识的沈从文》 155
《我这三十年》 37
《吴禄贞》 255
《五四后三十年》 265
《五四以来政派及其思想》(《五四后政治思想史》) 156,240,279,286,291
《武昌起义》 259
《戊戌日记》 44,59
《戊戌奏稿》 127
《物种起源》 28

S

《三寸金莲》 86
《三国演义》 53
《上海中外名人词典》 226
《邵阳永和金号血案记》 155
《圣经》 30,122
《盛宣怀档案资料选辑》 201,206,289,303
《史记》 56
《史学情报》 197,198
《数学原理》 28
《水浒传》 53
《四洲志》 29,190
《宋教仁集》 199
《宋庆龄》 103
《苏州白话报》 164
《孙中山集外集》 245

X

《西安半月记》 59
《西游记》 53
《现代史词典》 161,282
《现代文化丛书》 165
《现代政治思想史》 240,262
《乡村建设理论》 63

T

《唐诗鉴赏词典》 284

《相对论》 28
《辛亥革命时期期刊介绍》 163,164
《辛亥革命时期孙中山史事详录》（大事记史料） 241,252
《辛亥革命研究会通讯》 246
《新华春梦记》 155
《新华文摘》 263
《新论》 161
《新民丛报》 42
《新约全书》 36
《兴中会》 259
《醒狮》 163
《薛福成全集》 306
《学术月刊》 186
《血液循环论》 28

Y

《鸦片战争实录》 195
《严凤英》 114
《洋务运动新论》 213
《一个孤独的散步者的遐想》 89
《易经》 51
《瀛环志略》 29,31,71,85,190
《禹之谟》 153

Z

《曾国藩》 201
《曾国藩全集》 155
《张学良往事和近事》 155
《章太炎思想研究》 170
《争鸣》 160,199

《中国革命史》 282
《中国近代民主思想发展史》 177
《中国近代史》 155,263,289,301
《中国近代史词典》 164,177,238,268
《中国近代史丛书》 249,250
《中国近代思想史》（思想史稿） 292
《中国近代文化史丛书》 222
《中国近代文学丛书》 277
《中国近代政治制度史》 210
《中国历史学年鉴》 201
《中国历史研究法》 105
《中国民约精义》 71
《中国人名大辞典》 204,210,259,261,275,276,298
《中国人征服中国》 21
《中国通史》 56
《中国文化之谜大观》 224,225,304
《中国现代史稿》 232
《中国小说的历史的变迁》 46
《中华近代文化史丛书》 297
《中华民国史》 183,267
《中华民国史词典》 226,227,282,291,306
《诸天讲》 105
《庄子》 4
《壮学斋文集》 12
《资本论》 28
《资治通鉴》 56
《走向世界》 214,297
《走向未来丛书》 106
《祖国丛书》 191,249,250

图书在版编目(CIP)数据

陈旭麓文集：精装五卷 / 陈旭麓著. —上海：上海教育出版社，2018.11
ISBN 978-7-5444-8819-8

Ⅰ.①陈… Ⅱ.①陈… Ⅲ.①陈旭麓(1918-1988)—文集②中国历史—近代史—文集 Ⅳ.①K250.7-53

中国版本图书馆 CIP 数据核字(2018)第 240971 号

责任编辑　林凡凡
封面设计　周清华

陈旭麓文集(精装五卷)
陈旭麓　著

出版发行	上海教育出版社有限公司
官　　网	www.seph.com.cn
地　　址	上海永福路 123 号
邮　　编	200031
印　　刷	上海盛通时代印刷有限公司
开　　本	890×1240　1/32　印张 83.125　插页 20
字　　数	1 925 千字
版　　次	2018 年 11 月第 1 版
印　　次	2018 年 11 月第 1 次印刷
书　　号	ISBN 978-7-5444-8819-8/K·0053
定　　价	680.00 元(全五册)

如发现质量问题，读者可向本社调换　　电话：021-64377165